VISIONEN OM EN RÄTTVIS VÄRLDSORDNING

BANDUNGKONFERENSEN 1955

Thomas Lindh

VISIONEN OM EN RÄTTVIS VÄRLDSORDNING

BANDUNGKONFERENSEN 1955

Förlag: BoD · Books on Demand, Östermalmstorg 1,
114 42 Stockholm, bod@bod.se
Tryck: Libri Plureos GmbH, Friedensallee 273,
22763 Hamburg, Tyskland

ISBN: 978-91-8080-869-9

Innehållsförteckning

1. Alternativ till stormaktsdominans

Ett historiskt perspektiv

Den 18 april 2025 är det 70 år sedan president Sukarno höll sitt framsynta invigningstal på den historiska asiatisk-afrikanska konferensen i Bandung på västra Java i Indonesien. Förenta nationerna, som bildades tio år tidigare efter andra världskrigets slut i San Francisco, fyller 80 år några månader senare.

Visionen om en ny rättvis världsordning, uttryckt i de tio principerna (Dasa-sila) i slutkommunikén från Bandung, blev upptakten till en ny era i internationell politik och vaggan för de alliansfria ländernas rörelse. Bandungkonferensen följdes av två andra milstolpar: de icke-allierade staternas möte i Belgrad 1961 och FN:s generalförsamlings resolution om en ny ekonomisk världsordning i New York 1974.

Det saknas ett historiskt perspektiv i samhällsdebatten om världsordningen och Sveriges förhållande till stormakterna. Bokens syfte är att bidra till att fylla detta tomrum. Berättelsen om alliansfrihetens rötter och vision är inspirerande, lärorik och högst aktuell idag.

Sveriges alliansfria tradition riskerar att utraderas från historieskrivningen. Olof Palmes minnesvärda markeringar mot stormaktsvälde, liksom Alva Myrdals betydelsefulla insats i FN mot kärnvapenhot och upprustning, tycks idag ha blivit obekväma när alliansfriheten övergetts.

Anslutningen till Nato och DCA-avtalet, som ger Förenta staterna exklusiv rätt till militärbaser på svenskt territorium, föregicks inte av en saklig och seriös diskussion. Ledande medier och politiska partier svek demokratins grundläggande princip om att tillåta och uppmuntra att olika åsikter och bedömningar bryts mot varandra. I

7

stället präglades media av ängslig självcensur vilket hindrade en allsidig debatt om alternativ till stormaktsdominans.

Boken är disponerad på följande sätt.

Kapitlet *Början på en ny era* skildrar diskussionerna och besluten på konferensen i Bandung, dess förhistoria och internationella betydelse.

I kapitlet *Visionen förs vidare* identifieras två andra milstolpar efter Bandungmötet. När ledare för de icke-allierade staterna sex år senare samlades i Belgrad 1961 blev det startpunkten för den alliansfria rörelsen, som en direkt arvtagare till konferensen i Bandung.

Ett drygt decennium därefter antog FN:s generalförsamling i maj 1974 resolutionen om en ny internationell ekonomisk ordning, vilket var en stor framgång för utvecklingsländerna och den alliansfria rörelsen.

Ett annat angeläget krav från de icke-allierade staterna under hela efterkrigstiden var förbud mot produktion, innehav och användning av kärnvapen. Även Sverige var en stark röst i FN för kärnvapennedrustning under ledning av bland andra Alva Myrdal. Det dröjde dock ända fram till 2017 innan FN:s generalförsamling antog konventionen om förbud mot kärnvapen.

Indonesien, som utropade sig självständigt från Nederländerna 1945, var värdland för den asiatisk-afrikanska konferensen i Bandung. Länderna i Sydostasien har sedan dess under flera decennier utvecklat ett framgångsrikt regionalt samarbete inom ramen för organisationen Asean. De analytiker från Malaysia och Indonesien som intervjuas i avsnittet *Sydostasien idag* understryker betydelsen av visionen från Bandung (the Bandung spirit) för att regionen hållit samman och inte fallit offer för stormaktsrivalitet.

I avsnittet *Den ekonomiska världsordningen* tecknas en bakgrund till Förenta staternas geoekonomiska strategi med handelskrig och sanktioner för att behålla sin priviligierade ställning och risken för att handel och ekonomiskt utbyte mellan länder begränsas och styrs genom uppdelningen av världen i intressesfärer.

I kapitlet *Arvet från Bandung* sammanfattas visionen om en rättvis, demokratisk och fredlig världsordning med multilateralt jämbördigt samarbete mellan självständiga länder som alternativ till stormaktsdominans och att Förenta nationerna ska vara en central aktör för att upprätthålla fred och jämlika mellanstatliga relationer.

I *bilagorna* finns dokument från konferenserna i Bandung 1955 och Belgrad 1961. Tre tal av Olof Palme om fred, alliansfrihet och internationell solidaritet samt rapporten Gemensam säkerhet 2022 ger ett historiskt perspektiv på Sveriges, idag övergivna, alliansfria hållning.

Vendelsö i april 2025
Thomas Lindh

2. Bandungkonferensen 1955

Början på en ny era

– Bandung är Asiens och Afrikas centrum och huvudstad, säger Indiens premiärminister Jawaharlal Nehru i sitt avslutningstal på den asiatisk-afrikanska konferens som hölls i staden Bandung på västra Java i Indonesier i april 1955. Där såddes fröet till en ny rättvis världsordning; en vision som fortfarande är levande och högst aktuell i vår tid med pågående krig i vår närhet och tillspetsade stormaktskonflikter.

– Vi minns konferensen i Bandung 1955 där asiatiska och afrikanska utvecklingsländer krävde jämlikhet mellan alla nationer, stora som små. Vi delar fortfarande den gemensamma visionen om en rättvis värld, säger Sydafrikas president Cyril Ramaphosa i ett tal[1] i slutet av augusti 2023 till ledare för ett femtiotal länder i Afrika och Asien under toppmötet med BRICS-länderna.

Det är ett av många exempel på det växande intresset idag för alliansfrihetens historiska rötter i stora delar av världen. Den asiatisk-afrikanska konferensen i Bandung 1955 markerade en vändpunkt i internationell politik och är idag en inspirationskälla för den globala södern.

Under en resa i Sydostasien besöker jag platsen för den historiska konferensen.

I hörnet mellan gatorna Jalan Asia-Afrika och Jalan Braga i Bandung ligger en vacker Art décobyggnad från den holländska kolonialtiden. Den renoverades och döptes om till Gedung (byggnad) Merdeka (självständighet) lagom till konferensen i april 1955, som samlade ledare för 29 länder i Asien och Afrika.

---

[1] Welcome Remarks by BRICS Chair, President Cyril Ramaphosa, at the BRICS–Africa Outreach and BRICS P us Dialogue, 24 August 2023.

11

En stor folkmassa trängdes utmed Jalan Asia-Afrika på invigningsdagen den 18 april för att välkomna presidenter och premiärministrar som vandrade från hotellen Preanger och Savoy Homann till Gedung Merdeka. Förmodligen kunde ingen av deltagarna föreställa sig att promenaden skulle bli ihågkommen som den historiska "Bandung walk" och att konferensen skulle bli upptakten till en ny epok i världshistorien.

Idag är byggnaden Merdeka ett mycket välbesökt nutidsmuséum för levande historia, Museum Konperensi Asia Afrika (MKAA). Skolklasser, familjer och deltagare i en internationell konferens strömmar in när jag träffar museiguiden Ginanjar Legiansyah. Muséet är öppet fyra dagar i veckan och är mycket välbesökt. På muséets webbplats erbjuds även en virtuell rundtur. Ginanjar berättar att gästerna kommer från olika delar av Indonesien men även från övriga världen, bland annat från den tidigare kolonialmakten Nederländerna.

Andan från Bandungmötet – the Bandung spirit – är fortfarande högst levande och relevant, menar Ginanjar. Som ett exempel pekar han på hur den orättvisa tillgången till vaccin under pandemin drabbade länderna i den globala södern.

Muséet brukar besökas av presidenter och ministrar från andra länder. Även det svenska kungaparet fick en visning av Gedung Merdeka under statsbesöket i Indonesien 2017. På hovets webbplats finns information med bilder från alla programpunkter under statsbesöket i Jakarta och Bandung men tyvärr är visningen av det historiska Bandungmötet utelämnad. Det svenska kungaparets besök på muséet uppmärksammades däremot mycket av massmedia i Indonesien.

Upptakten till Bandungmötet

Initiativet till konferensen i Bandung kom ursprungligen från Indonesiens premiärminister Ali Sastroamidjojo, som senare utsågs till ordförande för konferensen.[2] Ledarna för den nationella befrielserörelsen mot Nederländernas kolonialvälde hade långt tidigare medverkat i olika i initiativ för en bredare internationell samling mot kolonialism. Bland annat deltog vice presidenten Mohammad Hatta i bildandet av Förbundet mot imperialism och kolonialt förtryck (League against imperialism and colonial oppression). Bland de 174 deltagarna från 37 länder på konferensen i Bryssel 1927 fanns även Jawaharlal Nehru från Kongresspartiet i Indien och representanter från African national congress i Sydafrika. Kända intellektuella som författarna Henri Barbusse, Romain Rolland och Upton Sinclair och fysikern Albert Einstein stödde och deltog i organisationens verksamhet.[3]

På ett möte i april 1954 i Ceylons huvudstad Colombo med premiärministrarna för Ceylon, Indien, Pakistan och Burma väckte Indonesiens premiärminister Ali Sastroamidjojo förslaget att anordna en internationell konferens för länder i Asien och Afrika. Initiativet mottogs med viss skepsis men till slut enades man om att "Indonesiens premiärminister skulle undersöka möjligheten att hålla en sådan konferens".[4] Det krävdes dock ett antal kontakter och möten mellan ledarna för de fem länderna innan de enades om konferensens inriktning och vilka länder som skulle delta. De avgörande besluten fattades på ett gemensamt möte i december 1954 i regeringspalatset i staden Bogor utanför Jakarta. Indonesien utsågs till huvudsponsor och organisatör för konferensen som skulle hållas i

---

[2] George McTurnan Kahin. The Asian-African conference, Bandung, Indonesia, 1955, s. 2.

[3] L. Eslava, M. Fakhri, V. Nesiah. Bancung, global history and international law, Cambridge University Press, 1980, s. 74.

[4] Roeslan Abdulgani. The Bandung connection – the Asia-Africa conference in Bandung, 1955, s. 15.

Bandung på västra Java. Sammanlagt 29 länder bjöds in. Det fanns olika uppfattningar om Kinas medverkan men efter att Burma motsatt sig Chiang Kai-shekregimens deltagande stod det klart att endast republiken på fastlandet skulle bjudas in.

Konferensen i Bogor enades den 29 december 1954 om följande målsättning för konferensen i Bandung:[5]

a) att främja goodwill och samarbete mellan nationerna i Asien och Afrika, att utforska och främja deras ömsesidiga såväl som gemensamma intressen samt att upprätta och främja vänskap och grannförbindelser;

b) att beakta sociala, ekonomiska och kulturella problem;

c) att behandla problem av särskilt intresse för asiatiska och afrikanska folk, till exempel frågor som påverkar den nationella suveräniteten, rasism och kolonialism; och

d) att beakta Asiens och Afrikas och deras folks ställning i världen av i dag och deras bidrag till främjandet av världsfred och samarbete.

Ett bilateralt avtal om principer för fredlig samexistens som ingicks mellan Kina och Indien 1954 kom att spela en central roll under Bandungkonferensen. Avtalet tecknades efter förhandlingar mellan premiärministrarna Nehru och Zhou Enlai, där även Burmas ledare U Nu medverkade. Det kan ses som ett ramverk för att bilägga de långvariga gränskonflikterna mellan länderna. De fem principerna, kallade Panchsheel[6], lyder i korthet:[7]

o ömsesidig respekt för varandras territoriella integritet och suveränitet,

o ömsesidig icke-aggression,

o ömsesidig icke-inblandning i varandras inre angelägenheter,

o jämlikhet och samarbete till ömsesidig nytta, och

---

[5] George McTurnan Kahin. The Asian-African conference, Bandung, Indonesia, 1955, s. 3.
[6] https://www.mea.gov.in/Uploads/PublicationDocs/191_panchsheel.pdf.
[7] Roeslan Abdulgani. The Bandung connection – the Asia-Africa conference in Bandung 1955, s. 32.

o   fredlig samexistens.

Kinas premiärminister Zhou Enlai var dock ytterst nära att bli ett av offren i bombattentatet mot flygplanet Kashmir Princess, som störtade den 11 april i Sydkinesiska havet på väg till Jakarta. Ombord på flygplanet fanns elva personer från den kinesiska delegationen samt ett antal journalister. Zhou Enlai skulle rest med Kashmir Princess men planerna ändrades i sista stund. Roeslan Abdulgani, generalsekreterare för Bandungkonferensen och senare Indonesiens utrikesminister, skriver att det högst sannolikt var ett sabotage med målet att eliminera Zhou Enlai.[8]

---

[8] Roeslan Abdulgani. The Bandung connection – the Asia-Africa conference in Bandung 1955, Museum of Asian-African conference, s. 69.

President Sukarnos tal kunde hållits idag

I Museum Konperensi Asia Afrika i Bandung kan besökarna lyssna till delar av invigningstalet som president Sukarno, även kallad Bung (broder) Karno i Indonesien, höll den 18 april 1955. Talet var klarsynt och präglades av den spirande framtidstron i de befriade kolonierna men också av oro över krigshot och stormaktsdominans.

Sukarno konstaterade att detta var den första interkontinentala konferensen för färgade folk i mänsklighetens historia och fortsatte.

– Jag ber er att inte bara tänka på kolonialismen i den klassiska form som vi i Indonesien och våra bröder i olika delar av Asien och Afrika kände till. Kolonialismen har också sin moderna dräkt i form av ekonomisk och intellektuell kontroll.

– Det är en skicklig och beslutsam fiende som uppträder i många skepnader.

Han nämner en historisk parallell 175 år tidigare när amerikanarna utkämpade sitt antikoloniala frihetskrig mot England och citerar poeten H. W. Longfellows välkända dikt om patrioten Paul Reveres midnattsritt den 18 april 1775, samma datum som Sukarnos öppningstal.

Sukarno erinrar om att flera delegater, som Indiens premiärminister Nehru och Indonesiens vice premiärminister Hatta, trettio år tidigare deltog i bildandet av Förbundet mot imperialism i Bryssel. Idag, säger han, har många kolonier befriats.

– Vi är åter herrar i våra egna hus och behöver inte åka till andra kontinenter för att träffas på en konferens, underströk Sukarno.

Han blickade tillbaka på de omvälvande förändringar som svept fram i de forna kolonierna och liknade avkoloniseringen vid en stormvind som svept över de två kontinenterna.

– Vi har verkligen sett en "Sturm über Asien" och även över Afrika. De senaste åren har inneburit enorma förändringar. Nationer och stater har vaknat upp ur århundradens sömn.

I talet varnade Sukarno för att den pågående avkoloniseringen äventyras av upprustningen under kalla kriget och hotet om ett förödande kärnvapenkrig.

– Ingen uppgift är mer angelägen än att bevara freden. Utan fred betyder vår självständighet nte mycket.

Han manade till mobilisering för fred.

– Vi kan mobilisera hela Asiens och Afrikas andliga, moraliska och politiska krafter på fredens sida. Vi, folken i Asien och Afrika är 1 400 000 000 människor, långt mer än hälften av världens befolkning och kan mobilisera vad jag har kallat nationernas "moraliska våld" till förmån för fred.

Konferensen samlade länder med sinsemellan stora olikheter och vitt skilda åsikter i många frågor. Sukarno såg dock inte mångfalden som ett hinder.

– Små och stora nationer är representerade här, människor som bekänner sig till nästan alla religioner under solen: buddhism, islam, kristendom, konfucian sm, hinduism, jainism, sikhism, shintoism och andra.

Han påpekade att nästan alla politiska riktningar möts på konferensen och att praktiskt taget varje ekonomisk doktrin var representerad.

– Vad är det för fel med mångfald när det finns en önskan om enhet, frågade Sukarno och svarade själv.

– Konferensen hålls inte för att vi ska motarbeta varandra, det är en broderskapskonferens. Det är inte en islamisk konferens, inte heller en kristen konferens, inte heller en buddhistisk konferens, betonade Sukarno.

Han avslutar med mottot "enhet i mångfald" och "att i vänliga, ohämmade diskussioner hitta lösningar och metoder så att var och en av oss kan leva sitt liv, och låta andra leva sina liv, i harmoni och i fred".

Sukarnos tal finns återgivet i sin helhet i en bilaga.

17

Koloniernas frigörelse präglade konferensen

The Asian-African conference, som var konferensens officiella namn, samlade två tusen gäster och fyra hundra journalister. Delegaterna kom från länder med ungefär 1,5 miljarder invånare, mer än hälften av jordens dåvarande befolkning.

I Bandung möttes en rad av dåtidens kända statsmän under en vecka i april 1955: värdlandets president Sukarno, Indiens premiärminister Jawaharlal Nehru som blev landets första premiärminister efter frigörelsen från Storbritannien 1947, Egyptens president Gamal Abdel Nasser som året därefter ledde nationaliseringen av Suezkanalen, Zhou Enlai som var Folkrepubliken Kinas premiärminister mellan 1954 och 1976, vice premiärminister Pham Van Dong som representerade Demokratiska republiken Vietnam (Nordvietnam) under förhandlingarna om Indokina i Genève 1954 som blev slutet för Frankrikes kolonialvälde i Indokina, prins Norodom Sihanouk som var Kambodjas statschef efter frigörelsen från Frankrike 1953 fram till 1970, U Nu som var Burmas (Myanmars) första premiärminister efter befrielsen 1948 och hans medarbetare U Thant som senare utsågs till FN:s generalsekreterare.

Konferensen hölls i en brytningstid när länder som Indonesien, Indien, Burma, Nordvietnam och Kina frigjort sig från kolonialt förtryck och ockupation efter andra världskrigets slut. Ett flertal länder i Afrika och en del i Asien var fortfarande koloniserade och förhindrade att delta i Bandungmötet officiellt. De var i stället inbjudna som observatörer, bland andra de franska kolonierna Tunisien, Marocko och Algeriet, de brittiska kolonierna Malaysia och Cypern, Palestina och anti-apartheidrörelsen ANC (African national congress) i Sydafrika.

Följande 29 länder deltog på konferensen: Afghanistan, Burma, Ceylon, Egypten, Etiopien, Filippinerna, Indien, Indonesien, Irak, Iran, Japan, Jemen, Jordanien, Kambodja, Kina, Laos, Libanon, Liberia, Libyen, Nepal, Pakistan, Saudiarabien, Sudan, Syrien, Thailand, Turkiet, Nord- och Sydvietnam och Guldkusten (numera Ghana).

Dessutom deltog observatörer från Cypern, stormuftin av Jerusalem i Palestina, självständighetsrörelser i Algeriet, Marocko, Tunisien och Sydafrika samt enskilda personer som författaren Richard Wright, politikern Adam Clayton Powell och professor George McTurnan Kahin från Förenta staterna.

Livliga meningsutbyten

President Sukarnos öppningsanförande på konferensen följdes av tal från flertalet av ledarna för delegationerna.

Egyptens president Nasser och andra arabländer talade om palestiniernas rättigheter, om fransk kolonialism i Nordafrika, fördömde rasdiskrimineringen i Sydafrika och betecknade sionismen som en kolonial rörelse.

Prins Sihanouk från Kambodja och delegationen från Laos uttalade stöd för de fem principerna om fredlig samexistens mellan stater och framhöll att stormakterna inte respekterar andra länders oberoende och neutralitet.

Ett antal länder som på olika sätt var knutna till Förenta staterna varnade för kommunism, sovjetisk kolonialism och omstörtande verksamhet. Prins Wan från Thailand ifrågasatte Kinas avsikter med de fem principerna för fredliga relationer mellan stater. Han menade att det även fanns risk för kinesisk infiltration i Thailand och att det stora antalet kineser med dubbelt medborgarskap i flera länder i Sydostasien kan komma att utnyttjas av Kina.[9]

Flera representanter för stater som var lierade med Förenta staterna blev förvånade och förbryllade över premiärminister Zhou Enlais försonande inställning och agerande på konferensen. Han deklarerade direkt i sitt inledande tal att den kinesiska delegationen kommit till Bandung för att söka enighet, inte för att skapa motsättningar. Den gemensamma nämnaren för konferensen borde enligt den kinesiske premiärministern vara att "den överväldigande majoriteten av de asiatiska och afrikanska länderna och folken har lidit och fortfarande lider av kolonialismens katastrofer". Att deltagarländerna har olika politiska ideologier och sociala system, säger

---

9 Roeslan Abdulgani. The Bandung connection – the Asia-Africa conference in Bandung 1955, Museum of Asian-African conference, s. 83.
George McTurnan Kahin. The Asian-African conference, Bandung, Indonesia, 1955, s. 11.

Zhou Enlai, ska inte utgöra ett hinder för att söka en gemensam grund och stå enade.

Konferensen avslutades den 24 april efter en veckas diskussioner med en slutkommuniké som antogs i konsensus. De starka fördömanden av kolonialism och stormaktsdominans som präglat konferensen avspeglades tydligt i slutkommunikén.

Processen fram till enighet var dock inte friktionsfri och krävde ett antal kompromisser i frågor som rörde den internationella situationen i början på 1950-talet. Företrädare för länder som Förenta staterna hade stort inflytande över ville att Sovjetunionen och "kommunismen" skulle betecknas som en form av kolonialism. Till slut kunde man enas om formuleringen att motsätta sig "kolonialism i alla dess former".

Inför konferensen fanns även olika synsätt på Israels politik men i slutkommunikén uttalas stöd för palestiniernas rättigheter och att Förenta nationernas resolutioner om Palestina ska genomföras med fredliga medel.

De fem principerna om fredlig samlevnad, som Indien och Kina kom överens året innan Bandungkonferensen, väckte debatt. Indien, Kina, Indonesien, Burma, Egypten och andra länder förklarade sitt stöd för de fem principerna. Pakistan, Turkiet, Filippinerna och Thailand, som var medlemmar i Nato eller Seato, såg militärpakterna som ett skydd. Särskilt Indiens premiärminister Nehru argumenterade kraftfullt och bestämt för en neutral position och att stå utanför militära allianser. Förenta staternas strategi under efterkrigstiden var att fördöma "neutralism" och alliansfrihet med motiveringen: "om ni inte är med oss, så är ni emot oss".[10] Den amerikanska utrikesministern Dulles hade tidigare fördömt neutralitetsprincipen som "omoralisk".[11]

---

[10] Se exempelvis H.W. Brands The specter of neutralism, 1989.
[11] David van Reybrouck. Revolusi – Indonesiens frigörelse och den moderna världens ursprung, Natur & Kultur, 2024, s. 453.

I den slutliga texten uppnåddes en kompromiss där skrivningen om "fredlig samexistens" ersattes med att nationer ska "leva tillsammans i fred som goda grannar och utveckla fredligt samarbete". I slutkommunikén slås vidare fast att länderna har rätt till eget eller kollektivt självförsvar (5 §), men ska "avstå från att använda arrangemang för kollektivt försvar för att tjäna någon av stormakternas särskilda intressen" (6a §) och att "varje land ska avstå från att utöva påtryckningar på andra länder" (6b §).

Förenta staternas isolering av Kina bröts i Bandung

Efter revolutionen 1949 bedrev Förenta staterna en hårdför politik för att isolera Kina. Den amerikanska flottan intervenerade militärt i Taiwansundet på Chiang Kai Shek-regimens sida i juni 1950. I december 1954 ingick Förenta staterna ett militäravtal med Taiwanregimen för att blockera öns återförening med fastlandet.[12] Kina förhindrades även att inta sin plats i Förenta nationerna (fram till 1971).

I början på 1950-talet pågick kriget i Korea med omfattande amerikanska militära insatser och stridsflyg i Kinas omedelbara närhet. Flera länder i Asien knöts till Förenta staterna genom militära allianser med udden riktad mot Kina. Så sent som några månader innan Bandungkonferensen bildades militärpakten South East Asia Treaty Organisation (SEATO), i vilken bland andra Thailand och Filippinerna ingick.

Kina prioriterade diplomatiska ansträngningar för att stabilisera relationerna till sina närmaste grannar. I juni 1954 undertecknades avtalen med Indien och Burma om fredlig samexistens och att respektera varandras territorium enligt de fem principerna i Panchsheel.

Under Bandungmötet valde Kina att avstå från att väcka frågor som kunde äventyra enigheten. Målsättning var att söka enhet mot kolonialism och att främja ekonomiskt och politiskt samarbete med andra länder i Asien och Afrika. Zhou Enlai bemötte dock en del anklagelser som framförts på konferensen, bland annat att Kina befarades exportera socialismen till andra länder genom omstörtande verksamhet.

– Vi motsätter oss extern inblandning och omstörtande verksamhet i och från andra länder, säger Zhou Enlai och citerar ordspråket

---

[12] L. Eslava, M. Fakhri, V. Nesiah. Bandung, global history and international law, Cambridge University Press, 1980, s. 180.

"gör inte mot andra vad du själv inte önskar". Han framhåller att Kina vill lösa problem i relationer med andra länder genom förhandlingar, att Kina inte vill ha krig med Förenta staterna och att konflikter ska lösas med fredliga medel. Zhou Enlai uttalade även sitt stöd för Förenta nationernas stadga om mänskliga rättigheter.[13] Politiska analytiker är överens om att Zhou Enlais agerande bidrog till den breda enigheten på Bandungmötet och att dörren öppnades för utvidgat samarbete mellan Kina och utvecklingsländerna, framför allt i Asien men även i Afrika. Efter Bandungmötet upprättade Kina diplomatiska förbindelser med ytterligare tolv länder i Asien och Afrika och slöt avtal som reglerade tidigare territoriella tvister från kolonialtiden med grannländerna. Överenskommelser ingicks även med Indonesien, Thailand och Burma om att det stora antalet kineser i dessa länder inte längre kunde inneha dubbelt medborgarskap.

Sammantaget blev Bandungmötet ett avstamp för ökad handel och utbyte med övriga Asien och Afrika och att Kina alltmer kom att betrakta sig som en del av den tredje världen. Det framgångsrika regionala samarbetet inom Asean i Sydostasien och även utbytet mellan Kina och länderna i Asean kan spåras tillbaka till konferensen i Bandung.[14]

Kinas agerande i Bandung kom även att ses som en markering av självständighet i förhållande till Sovjetunionen, som Kina även tidigare kritiserat för chauvinism gentemot länder i östra Europa.[15] Fem år efter Bandungmötet var brytningen mellan Kina och Sovjetunionen öppen och officiell.

---

[13] George McTurnan Kahin. The Asian-African conference, Bandung, Indonesia 1955, s. 54 och s. 62.
L. Eslava, M. Fakhri, V. Nesiah. Bandung, global history and international law, Cambridge University Press, 1980, s. 184.
[14] L. Eslava, M. Fakhri, V. Nesiah. Bandung, global history and international law, Cambridge University Press, 1980, s. 192.
[15] L. Eslava, M. Fakhri, V. Nesiah. Bandung, global history and international law, Cambridge University Press, 1980, s. 188.

I februari 1972 undertecknades den så kallade Shanghaikommunikén där Förenta staterna och Folkrepubliken Kina enades om att normalisera sina diplomatiska förbindelser. I kommunikén ansluter sig Förenta staterna till uppfattningen att det finns *ett* Kina och att Taiwan är en del av detta Kina:

"USA erkänner att alla kineser på båda sidor om Taiwansundet hävdar att det bara finns ett Kina och att Taiwan är en del av Kina. Förenta staternas regering har inte bestritt denna ståndpunkt. Det bekräftar sitt intresse av en fredlig lösning av Taiwanfrågan av kineserna själva."[16]

Året innan hade Kina återtagit sin plats i Förenta nationernas säkerhetsråd, som Taiwanregimen innehaft från 1949 fram till dess.

---

[16] https://www.ait.org.tw/u-s-prc-joint-communique-1972/

25

Visionen om internationell rättvisa och fred

I slutkommunikén[17] från Bandungkonferensen den 24 april 1955 enades de 29 länderna från Asien och Afrika om att verka för ett fördjupat ekonomiskt och kulturellt samarbete, mänskliga rättigheter, nationell självbestämmanderätt, avskaffande av kolonialism och rasism, fred, internationellt samarbete, nedrustning och förbud mot kärnvapen.

Kommunikén avslutas med de tio principerna Dasa-sila.

1. Respekt för de grundläggande mänskliga rättigheterna och andemeningen och principerna i Förenta nationernas stadga.
2. Respekt för alla nationers suveränitet och territoriella integritet.
3. Erkännande av alla rasers jämlikhet och jämlikhet mellan alla nationer, stora och små.
4. Att avstå från att ingripa eller blanda sig i ett annat lands inre angelägenheter.
5. Respekt för varje nations rätt att försvara sig enskilt eller kollektivt, i enlighet med Förenta nationernas stadga.
6. a) Att avstå från att använda arrangemang för kollektivt försvar för att tjäna någon av stormakternas särskilda intressen.
   b) Att ett land avstår från att utöva påtryckningar på andra länder.
7. Att avstå från handlingar eller hot om aggression eller användning av våld mot något lands territoriella integritet eller politiska oberoende.
8. Att alla internationella tvister löses med fredliga medel, såsom förhandling, medling, skiljeförfarande eller rättslig prövning, samt andra fredliga metoder som parterna själva väljer, i enlighet med Förenta nationernas stadga.
9. Främjande av ömsesidiga intressen och samarbete.

---

[17] https://www.cvce.eu/en/obj/final_communique_of_the_asian_african_conference_of_bandung_24_april_1955-en-676237bd-72f7-471f-949a-88b6ae513585.html

10. Respekt för rättvisa och internationella förpliktelser.

Resultatet av Bandungmötet blev ett upprop för en demokratisk, rättvis och fredlig världsordning som ett alternativ till stormaktsdominans:

- o nationell suveränitet och territoriell integritet,
- o fred, nedrustning och förbud mot kärnvapen,
- o ekonomiskt och kulturellt samarbete mellan utvecklingsländer,
- o alliansfrihet mot stormaktsdominans,
- o avskaffande av rasism och diskriminering,
- o mänskliga rättigheter i enlighet med Förenta nationernas stadga, och
- o det palestinska folkets rättigheter.

I sitt stora verk Revolusi betecknar David van Reybrouck Indonesiens frigörelse och Bandungkonferensen 1955 som "den moderna världens ursprung". Han skriver:

"Det finns konferenser som ritar om världskartan och det finns konferenser som understryker att världen är mer än en karta. Kongresserna i Wien (1815), Berlin (1885), Versailles (1919), Jalta och Potsdam (1945) hörde till den första kategorin. Bandung var annorlunda: här drogs inga gränser, här ingicks inga territoriella avtal, här utlöstes i stället nya dynamiska processer över landsgränserna."[18]

Slutkommunikén från Bandungkonferensen den 24 april 1955 och president Sukarnos öppningsanförande i Gedung Merdeka den 18 april 1955 finns som bilagor.

---

[18] David van Reybrouck. Revolusi – Indonesiens frigörelse och den moderna världens ursprung, Natur & Kultur, 2024, s. 451.

En appell mot rasism

Två observatörer från anti-apartheidrörelsen i Sydafrika var in-bjudna till Bandungmötet, Moses Kotane från African national congress (ANC) och Maulvi Cachalia från South African Indian Congress (SAIC). En av SAIC:s medgrundare var Mahatma Gandhi som levde i Sydafrika under många år. Engelsmännen hade tidigare hämtat arbetskraft från Indien till sockerplantagen i Sydafrika.

Trots att de sydafrikanska myndigheterna vägrade att utfärda pass till Moses Kotane och Maulvi Cachalia lyckades de ändå ta sig till London där de bland andra träffade Indiens premiärminister Nehru och fick hjälp med giltiga resehandlingar. Under en mellanlandning i Kairo på väg till Indonesien blev de arresterade med hänvisning till att Kotane var upptagen på den amerikanska kongressens lista över "de 500 farligaste kommunisterna i världen". De lyckades dock klargöra sitt uppdrag för de egyptiska myndigheterna och fick även ett samtal med president Nasser, som skulle representera Egypten på konferensen i Bandung. Innan Kotane och Cachalia anlände till Bandung gjorde de ett uppehåll i New Delhi där de återigen träffade premiärminister Nehru.[19]

Under Bandungmötet hade Kotane och Cachalia möjlighet att redogöra för förhållandena i Sydafrika. Konferensen enades om ett kraftfullt fördömande av rasism till stöd för de svartas och färgades kamp mot apartheid. Ett pressmeddelande från ANC och SAIC under Bandungkonferensen finns återgivet i en bilaga.

Banden mellan Indonesien och det demokratiska Sydafrika har varit starka. Strax efter sin frigivning 1990 besökte Nelson Mandela Jakarta och även muséet i Bandung till minnet av den asiatisk-afrikanska konferensen. Som ett tecken på sin uppskattning av Indonesien bar Mandela ofta landets typiska batikskjortor under offentliga uppdrag. Han fick sin första batikskjorta som gåva under besöket i

---

[19] https://www.marxists.org/subject/africa/bunting-brian/kotane/ch12.htm

Indonesien 1990. Sedan dess har "Madiba shirts" varit välkända i Indonesien och Sydafrika.

I en föreläsning på Rajiv Ghandi Foundation i januari 1995 menade Nelson Mandela att när framstående ledare som Nehru, Nasser, Nkrumah, Sukarno, Luthuli och Allende förde Bandungandan vidare så var detta inte begränsat till militär alliansfrihet. Deras främsta mål var politisk frihet och socioekonomisk utveckling, framhöll Mandela.[20]

Vid sidan av George Kahins klassiska rapport[21] från Bandungkonferensen är den amerikanske författaren Richard Wrights bok The Color Curtain[22] en välkänd skildring. Förordet är skrivet av Gunnar Myrdal, som nio år tidigare publicerat studien An American Dilemma och senare Asian drama (1968). I Bandung mötte Richard Wright människor från olika religioner, raser och politiska inriktningar. The Color Curtain är en personligt hållen reseskildring i skönlitterär form som lyfter fram "de färgade folken" och även religionens stora betydelse.

På konferensen deltog även den amerikanske kongressledamoten Adam Clayton Powell som varit aktiv i medborgarrättsrörelsen. Han reste till Bandung trots avrådan och övertalningsförsök från den amerikanska utrikesledningen.[23]

Den berömde amerikanske sångaren, skådespelaren och medborgarrättskämpen Paul Robeson hade planerat att delta i Bandungmötet. Han blev dock fråntagen sitt pass under McCarthytiden, anklagad för "oamerikansk verksamhet", och därmed förhindrad att resa. I sin skriftliga hälsning hoppades han att konferensen i

---

[20] Nelson Mandela tal på YouTube. Utskrift av talet finns på denna länk från Sydafrikas regering: http://www.mandela.gov.za/mandela_speeches/1995/950125_lecture.htm.
[21] Kahin, George McTurnan. The Asian-African Conference: Bandung, Indonesia, April 1955. Ithaca: Cornell University Press, 1956.
[22] Wright, Richard. The Color Curtain: A Report on the Bandung Conference. The World Publishing Company, Cleveland, OH, 1956.
[23] https://history.house.gov/People/_isting/P/POWELL,-Adam-Clayton,-Jr--%28P000477%29/

Bandung skulle bidra till världsfreden och förhindra ett nytt världskrig. Han välkomnade konferensens appell mot kolonialism och rasism.

– Vi har utkämpat den striden i 300 år och har ett eget intresse av konferensens resultat, skrev Robeson i sin hälsning.

I boken Here I stand, som utkom tre år senare, ger Robeson sitt helhjärtade stöd till de tio principerna i slutkommunikén och skriver att "on this platform I take my stand".

Robeson var även en inspirerande mentor och förebild för andra färgade artister som till exempel Harry Belafonte.

Robeson hade tidigare grundat Council on African affairs i början på 1940-talet för solidaritet med kampen mot kolonialism och apartheid i Afrika. [24] I organisationens tidskrift Spotlight on Africa[25] beskrevs Bandungmötet som upptakten till en ny era - "the dawn of a new era". Den innehöll även hälsningar från ANC:s ordförande Albert Luthuli och generalsekreterare O.R. Tambo, en talesperson för South African Indian Congress, andra afrikanska ledare och kyrkliga ledare i Förenta staterna.

Under kalla kriget stämplades Council on African Affairs av amerikanska myndigheter som opatriotisk. Den anklagades för omstörtande verksamhet till stöd för ANC och andra frihetsrörelser i Afrika.[26]

I ett tal (A realistic look at the question of progress in the area of race relations) på St. Louis Freedom Rally den 10 april 1957, två år efter Bandungkonferensen, påpekar Martin Luther King att två tredjedelar av världens befolkning inte har vit hudfärg. Han säger att mer än en miljard av de färgade folken brutit sig loss från kolo-

---

[24] https://africanactivist.msu.edu/organization/210-813-673/?page=1&daterange=1950
[25] http://historicalpapers-atom.wits.ac.za/uploads/r/historical-papers-research-archive-library-university-of-waters-rand/a/c/6/ac6f7d0491c942a00dac6a757ee6b808009f2ea234d51f48d2f77fe e947ccd0c/AD1812-Eb2-2-001-jpeg.pdf
[26] https://africanactivist.msu.edu/organization/210-813-673/?page=1&daterange=1950

nialism och imperialism: "De samlades i Bandung för några måna-
der sedan, och de ord som ekade från Bandung var: Rasism och kol-
onialism måste försvinna."[27]
Även medborgarrättsaktivister som W.E.B. Du Bois och Malcolm
X inspirerades av Bandungmötets kraftfulla fördömanden av rasism
och kolonialism.

---

[27] https://kinginstitute.stanford.edu/king-papers/documents/realistic-look-
question-progress-area-race-relations-address-delivered-st

Folksamling i Bandung den 18 april 1955. (Foto: MKAA, Bandung)

Gedung Merdeka den 18 april 1955. (Foto: MKAA, Bandung)

Gedung Merdeka idag.

Asia-Afrika Globe i Bandung idag.

President Sukarno inviger konferensen. (Foto: MKAA, Bandung)

Zhou Enlai, Sukarno och Nasser samtalar i en paus på konferensen. (Foto: MKAA, Bandung)

Indiens ledare J. Nehru talar i Bandung. (Foto: MKAA, Bandung)

Plenumsalen i Gedung Merceka 1955. (Foto: MKAA, Bandung)

Flera av delegaterna bodde på Fotell Preanger i Bandung.
(Foto: MKAA, Bandung)

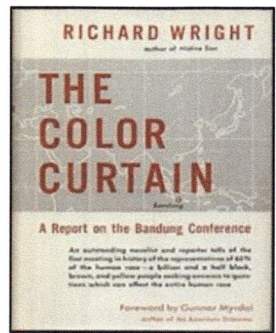 

The Color Curtain och författaren Richard Wright.

Here I stand av Paul Robeson. Tidskriften Spotlight on Africa.

3. Visionen lever vidare

De alliansfria staterna samlas i Belgrad 1961

Den koloniala frigörelsen fortsatte efter Bandungmötet och samtidigt skärptes motsättningarna mellan stormakterna alltmer under kalla kriget.

I Bandung deltog endast sex afrikanska länder: Egypten, Etiopien, Guldkusten, Liberia, Libyen och Sudan. Allteftersom fler kolonier befriats kom Afrika att spela en betydelsefull roll i bildandet av de alliansfria ländernas organisation i Belgrad 1961.

David van Reybrouck skriver i sitt stora verk Revolusi att när president Nasser återvände från Bandung hängde banderoller över vägen till Kairo med texterna: "Välkommen, hjälte från Bandung, du fredens och finhetens försvarare" och "Välkommen du mästare av Asien och Afrika!". Nasser hade först inte tänkt delta i Bandung, skriver Reybrouck, men han menade efteråt att det var "en av de två viktigaste händelserna i modern historia; den andra var upptäckten av kärnenergi".[28]

Året efter Bandungmötet nationaliserades Suezkanalen av Egypten. Det hyllades i hela arabvärlden och signalerade att Storbritanniens och Frankrikes storhetstid som kolonialmakter var över.

Bandungkonferensen inspirerade även strävandena att ena Afrika mot kolonialmakterna. Som första nation söder om Sahara blev Ghana (tidigare Guldkusten) självständigt 1957 med Kwame Nkrumah som statschef. Det kan nämnas att han samma år gifte sig med Fathia Halim Ritzk från Egypten. Efter bröllopet tilldelades Nkrumah utmärkelsen Stora korset av Nilenorden av Nasser. Parets första son döptes till Gamal, samma förnamn som Nasser, skriver Reybrouck.

---

[28] David van Reybrouck. Revolusi – Indonesiens frigörelse och den moderna världens ursprung, s. 455.

37

Premiärminister Nkrumah ledde den första All African People's Conference 1958 i Accra. Konferensen har kallats "det afrikanska Bandung".

En rad nationella ledare som Tom Mboya (Kenya), Karnuzu Banda (Malawi), Patrice Lumumba (Kongo), Kenneth Kaunda (Zambia), Holden Roberto (Angola) och Joshua Nkomo (Zimbabwe) deltog på konferensen.

1960 var Afrikas år. Arton länder blev självständiga, de flesta tidigare franska kolonier.

Efter ett förberedande möte i Kairo i juni 1961 med Indien, Indonesien, Jugoslavien, Egypten och Ghana beslutades att konferensen skulle hållas i Belgrad mellan 1–6 september samma år. De tjugofem länder som deltog på konferensen var Afghanistan, Algeriet, Burma, Kambodja, Ceylon, Kongo, Kuba, Cypern, Etiopien, Ghana, Guinea, Indien, Indonesien, Irak, Libanon, Mali, Marocko, Nepal, Saudiarabien, Somalia, Sudan, Tunisien, Egypten, Yemen och värdlandet Jugoslavien. Bolivia, Brasilien, Ecuador, African national congress (ANC) och andra befrielserörelser i södra Afrika hade observatörsstatus.

Konferensen präglades av den växande faran för ett större krig i världen och en stark önskan och vädjan om fred. I ett uttalande skriver stats- och regeringscheferna att "i denna tid av kärnvapen och ackumulering av massförstörelsekraft skulle en sådan konflikt och ett sådant krig oundvikligen leda till förödelse i en omfattning som dittills varit okänd, om inte till världens utplåning."

I slutdeklarationen som antogs den 6 september 1961 konstateras att det finns risk för kriser och konflikter under "övergången från en gammal ordning baserad på dominans till en ny ordning baserad på samarbete mellan nationer som bygger på frihet, jämlikhet och social rättvisa för att främja välstånd". Stormaktsrivaliteten hotar världsfreden och "krig har aldrig hotat mänskligheten med allvarligare konsekvenser än i dag", heter det i deklarationen.

Samtidigt framhålls att "stora framgångar har uppnåtts i många folks kamp för nationellt oberoende och jämlikhet". De stora landvinningarna inom vetenskap och teknik och ekonomiska framsteg gör att flertalet människor blir "alltmer medvetna om att krig mellan folk inte bara utgör en anakron sm utan också ett brott mot mänskligheten". Slutsatsen är att folken i världen kan bli en moralisk kraft som kan påverka internationella relationer.

I deklarationen betonas att "varje försök att påtvinga folken ett annat socialt eller politiskt system med våld utifrån är ett direkt hot mot världsfreden" och att "regeringar skall avhålla sig från varje användning av ideologier i syfte att föra kallt krig, utöva påtryckningar eller påtvinga sin vilja".

Stats- och regeringscheferna för de alliansfria staterna vill verka för allmän avrustning och "ett totalförbud mot produktion, innehav och användning av kärnvapen och termonukleära vapen" och att arvet med ekonomisk obalans från kolonialism och imperialismen ska undanröjas.

Konferensen rekommenderade även att generalförsamlingen godtar Folkrepubliken Kinas regering som den enda legitima företrädaren i Förenta nationerna.

Knappt två veckor efter konferensen i Belgrad sköts flygplanet med FN:s generalsekreterare Hammarskjöld ner i Kongo den 18 september 1961. Till Hammarskjölds efterträdare valdes U Thant från Burma, som var delegat på konferensen i Belgrad och även på det asiatisk-afrikanska mötet i Bandung 1955.

De icke-allierade ländernas samarbete byggde på de tio principer som antogs på konferensen i Bandung sex år tidigare. Ett utdrag ur deklarationen finns i en bilaga.

39

FN 1974: En ny ekonomisk världsordning

Den 15 juni 1964 bildades G77-gruppen av sjuttiosju utvecklings-
länder som undertecknade en gemensam deklaration i samband
med den första sessionen av FN:s konferens för handel och utveckl-
ing (UNCTAD) i Genève. Idag ingår 134 länder i G77, som är den
största mellanstatliga organisationen för utvecklingsländer i För-
enta nationerna. G77-gruppen kan ses som en "fackförening för fat-
tiga länder" med gemensamma historiska erfarenheter och be-
hov.[29]

Den asiatisk-afrikanska konferensen i Bandung 1955 och det
första mötet med de icke-allierade staterna i Belgrad 1961 låg till
grund för G77:s riktlinjer som formulerades i den så kallade Alger-
stadgan 1967.[30]

Olika initiativ från de icke-allierade länderna, G77-gruppen och
de oljeproducerande ländernas organisation OPEC utmynnade i ett
förslag från Algeriets president Boumedienne att FN ska diskutera
kravet på en ny rättvis ekonomisk världsordning.

Den 1 maj antog FN:s generalförsamlings sjätte extrasession en
resolution och ett handlingsprogram för en ny internationell ekono-
misk ordning (NIEO). Målet är att uppnå en allsidig och jämlik ut-
veckling för alla länder och regioner, särskilt den tredje världen, ge-
nom en demokratisk och rättvis ekonomisk världsordning.

Huvudprinciperna för en ny internationell ekonomisk ordning
(NIEO) är:

o   Jämlikt förhållande mellan suveräna stater utan inblandning
    i deras inre angelägenheter och rätt att utforma sina egna
    ekonomiska och social system.

o   Varje stats fullständiga suveränitet över sina naturresurser
    och annan ekonomisk verksamhet, rätt att reglera trans-

---

[29] https://www.un.org/en/chronicle/article/early-days-group-77
[30] https://www.g77.org/doc/algier~1.htm

40

nationella företag, rätt till nationalisering och överföring av äganderätt av utländska företag.

o Ett rättvist och skäligt förhållande mellan priset på råvaror och andra varor som exporteras av utvecklingsländerna och priserna på varor som importeras av utvecklingsländerna.

o Förstärkning av bilateralt och multilateralt internationellt bistånd för att främja industrialiseringen i utvecklingsländerna, särskilt tillgång till finansiella resurser och lämplig teknik och teknologi.

De viktigaste reformerna som krävs enligt NIEO är:

o En översyn av reglerna för internationell handel, särskilt de som rör råvaror, livsmedel, preferenssystemet för handel, råvaruavtal, transporter och försäkringar.

o En reformering av det internationella monetära systemet och andra finansieringsmekanismer för att anpassa dem till utvecklingsbehoven.

o Incitament för ekonomisk och teknologisk överföring och stöd till industrialiseringsprojekt i utvecklingsländer för diversifieringen av ekonomierna, som under kolonisationen begränsades till utbud av råvaror.

o Främjande av ekonomiskt samarbete mellan utvecklingsländerna.

Kärnvapenförbud och kärnvapenfria zoner

Förbud mot produktion, innehav och användning av kärnvapen ingick i slutkommunikén från Bandung och i den alliansfria rörelsens program alltsedan bildandet i Belgrad.

Den 20 september 2017 öppnades Förenta nationernas konvention om förbud mot kärnvapen för undertecknande och den trädde i kraft den 22 januari 2021. För närvarande (mars 2025) har 94 stater undertecknat avtalet, dock inte Sverige. Det är ett avsteg från den tidigare välkända och respekterade svenska hållningen om kärnvapen efter andra världskriget.

Alva Myrdal utsågs, efter en tid som ambassadör i Indien, till ordförande i den svenska delegationen i nedrustningskonferensen i Genève mellan 1962 och 1973. Hon tilldelades Nobels fredspris 1982 tillsammans med mexikanen Alfonso Garcia Robles.

I boken Spelet om nedrusningen (Rabén & Sjögren, 1976) beskriver Alva Myrdal kapprustningen mellan supermakterna Förenta staterna och Sovjetunionen. Hennes utgångspunkt är Sveriges alliansfria hållning som den redovisats i den svenska regeringens utlåtande i samband med anslutningen till Förenta nationerna 1945. I utlåtandet vänder sig regeringen mot "en politisk uppdelning av staterna i varandra motstående grupper" och "om det finns en tendens till uppdelning av stormakterna i två läger måste vår politik vara att icke drivas in i en sådan gruppering eller blockbildning".[31]

Alva Myrdal redovisar sin utgångspunkt så här:

"En alliansfri hållning, medvetet vald och ständigt försvarad, är givetvis lättare att hävda ju mera relativt oberoende en nation är, ekonomiskt och teknologiskt. Sverige är speciellt gynnat i det avseendet. Den aktiva neutralitet, för vilken Sverige vill gå i spetsen, återspeglas i det faktum, att Sverige varit så enastående frispråkigt i fördömandet av det amerikanska kriget i Indokina, av Sovjet-blockets

---

[31] Regeringsuttalande den 22 oktober 1945 återgivet i Spelet om nedrustningen s. 15.

invasion av Tjeckoslovakien, av den grekiska militärjuntans undertryckande av grundläggande mänskliga rättigheter, av Sydafrikas omänskliga apartheidpolitik och av den blodiga militärkuppen i Chile."

Alva Myrdal skriver att de mindre ländernas syn på upprustningen sällan eller aldrig syns i världspressen och supermakternas massmedia. Det gäller särskilt Förenta staterna "som utnyttjar egna väldiga resurser för att spela upp sin egen version av det som förekommer i de multinationella debatterna och därigenom förstärker bilden av dem som enbart en bipolär tävlan". Hon menar att "de böcker är ännu oskrivna som återspeglar alliansfria synpunkter på nedrustningspolitiken" och att syftet med boken är att fylla "ett mycket olyckligt intellektuellt och politiskt tomrum i informationen om nedrustningsfrågor".

Hon klargör att "boken tar icke parti vare sig för det ena eller det andra av de båda blocken" och att "mitt mål har ständigt varit att eftersträva en hållning som är internationell och icke partitagande". Hon skriver att då världsscenen domineras av supermakterna ligger hennes sympatier finns för "det som motsvarar intressena bland alla de nationer som är mindre makter i världens maktspel, svagare som de är militärt, och oftast också ekonomiskt".

Alva Myrdals erfarenhet är att "då de icke-allierade nationerna rent begreppsmässigt inte är bundna av maktblockens restriktioner, kan de tala och rösta mera fritt". Hon sätter stort värde på att föra ett alliansfritt lands talan mot kapprustningen: "Jag har betraktat det som en stor tillgång att jag under de många årens deltagande i nedrustningsförhandlingar har representerat ett alliansfritt land, Sverige."

Hon karakteriserar sin bok Spelet om nedrustningen som "icke partitagande", "internationell" och "FN-centrerad".

Alva Myrdal argumenterar i det avslutande kapitlet i boken för två principiella säkerhetsgarantier från kärnvapenmakterna.

43

"Den första skulle vara ett bindande löfte att icke inleda någon kärnvapenkrigshandling. Det andra löftet skulle vara att icke angripa något kärnvapenfritt land med kärnvapen."

Stora delar av världens länder ingår idag i de regionala kärnvapenfria zoner som upprättats.[32]

o   Treaty of Tlatelolco – Treaty for the Prohibition of Nuclear Weapons in Latin America and the Caribbean (1967).
o   Treaty of Rarotonga – South Pacific Nuclear Free Zone Treaty (1985).
o   Treaty of Bangkok – Treaty on the Southeast Asia Nuclear Weapon-Free Zone (1995).
o   Treaty of Pelindaba – African Nuclear Weapon-Free Zone Treaty (1996).
o   Treaty on a Nuclear Weapon-Free Zone in Central Asia (2006).

Även Österrike har förklarat sig som en kärnvapenfri zon (1999).

Allt sedan 1960-talet har olika initiativ tagits för att åstadkomma kärnvapenfria zoner i Norden och Europa: Undénplanen i Förenta nationerna om kärnvapenfria zoner 1961, president Kekkonens förslag om en nordisk kärnvapenfri zon 1963, Palmekommissionens förslag 1982 om att skapa en kärnvapenfri korridor i Centraleuropa, motioner från Socialdemokraterna och Centerpartiet under 1980-talet om upprättande av en nordisk kärnvapenfri zon, med flera.

Den 7 juli 2017 röstade Sverige för konventionen om kärnvapenförbud i FN:s generalförsamling. Sedan dess har den dåvarande och nuvarande regeringen valt att inte underteckna och ratificera konventionen. Den enda rimliga förklaringen är att hänsynstaganden till Förenta staternas och Natos position om kärnvapenförbud har företräde framför den tidigare svenska alliansfria hållningen om kärnvapen. Detta trots omfattande krav från civilsamhället och många organisationer att Sverige ska underteckna konventionen: organisationen ICAN (International Campaign to Abolish Nuclear

---

[32] https://www.un.org/nwfz/fr/content/overview-nuclear-weapon-free-zones

44

Weapons) som tilldelades Nobels fredpris 2017, Olof Palmes internationella center, Svenska FN-förbundet, Svenska läkare mot kärnvapen, hundra S-profiler i uttalandet Vi måste skriva under förbud mot kärnvapen[33], med flera.

Olof Palmes tal i Storkyrkan i Stockholm 40 år efter bomberna över Hiroshima och Nagasaki finns i bilagan De inbrända skuggorna i Hiroshima.

---

[33] https://www.palmecenter.se/vi-maste-skriva-under-forbud-mot-karnvapen

Sydostasien idag

Samarbete på egna villkor mot stormaktdominans

Även om krigen i Ukraina och Gaza idag dominerar tidningsrubrikerna anses Asien bli den arena där konflikten mellan världens två ledande stormakter kommer att utspelas och avgöras. Förenta staterna har pekat ut Kina som sin strategiska motståndare.

Under en resa i Sydostasien under hösten 2023 samtalar jag med analytiker och skribenter om de tilltagande spänningarna mellan stormakterna och det regionala samarbetet inom Asean, vars syfte är att främja ekonomisk utveckling, fred och att motverka stormaktsdominans. Frågeställningar som är aktuella och angelägna även för oss i Norden och Europa.

De tio sydostasiatiska länderna i samarbetsorganisationen Asean, som alla varit koloniserade av europeiska stormakter, har gjort betydande ekonomiska framsteg sedan bildandet 1967. Asean, med ungefär 685 miljoner invånare, räknas idag som världens femte största ekonomi. Temat under Indonesiens ordförandeskap 2023, "Asean matters - the epicenter of growth", vittnar om viss framtidstro och självtillit.

Dr. Peter Chang, forskare på University of Malaya i Kuala Lumpur i Malaysia och krönikör, menar att Asean är både enat och samtidigt mycket mångfacetterat. Samarbetet präglas därför av stor flexibilitet. Medlemsländerna är inte strikt förbundna att alltid ha en gemensam ståndpunkt. Vissa ser detta som en svaghet, men Peter Chang anser att det i stället är en tillgång och styrka för länderna i Sydostasien.

Bunn Nagara, senior analytiker och publicist i Malaysia, listar en rad faktorer som bidragit till Aseans framgångar: en inkluderande strategi där Asean inte uppträder aggressivt mot andra länder, att Asean anslutit sig till FN:s grundläggande principer och tillämpar en form av neutralitet, den pragmatiska inställningen, samförståndsandan och solidariteten mellan medlemsländerna.

Peter Chang pekar på att Asean rymmer en större mångfald än exempelvis Europa. Indonesien och Malaysia är muslimska länder, Thailand och Burma har en buddhistisk tradition och Filippinerna är ett katolskt land. Den sociala och ekonomiska utvecklingen i Asean är mycket ojämnt fördelad, exempelvis är Singapore ett högt utvecklat land medan Laos är ett utvecklingsland. De politiska systemen uppvisar också en stor spännvidd. Några länder har flerpartisystem, vissa länder är i praktiken enpartistater, ett av länderna styrs av en militärjunta och ett annat har absolut monarki. Dessutom är Asean flerspråkigt och mångkulturellt med ett flertal olika etniska tillhörigheter.

– Trots skillnaderna i rel gion, ras och kultur har Asean behållit sin enighet, betonar Peter Chang.

– Varje land genomför politiska och sociala reformer på olika sätt och i olika takt. Vi är inte alltid överens men det finns en förståelse för att folken i Sydostasien måste leva med olikheter, tillägger han.

Det finns en tydlig skillnad mellan Aseans och den Europeiska unionens syn på enhetlighet och svängrum för medlemsländernas suveränitet. Bunn Nagara menar att förklaringen till stor del återfinns i Sydostasiens koloniala historia och inre konflikter i regionen.

– Medlemsländerna har bittra erfarenheter av kolonisering och krig. De är fast beslutna att upprätthålla sin nationella suveränitet. Asean ger medlemmarna ett nödvändigt utrymme för att behålla sina egna identiteter till skillnad från EU som kräver enhetlighet och konformitet, vilket bland annat resulterat i Brexit. I samhällen som levt med mångfald genom hela sin historia finns det en naturlig acceptans för varandras olikheter, menar Bunn Nagara.

Han förklarar att bakgrunden till bildandet av Asean 1967 var en önskan att komma till rätta med allvarliga meningsskiljaktigheter, ömsesidig misstänksamhet och brist på förtroende mellan länderna i regionen. Syftet var att garantera regional säkerhet, vänskap och stabilitet. Länderna enades om att inte blanda sig i varandras inre angelägenheter, att visa ömsesidig respekt och att beslut fattas i

47

konsensus. Detta har även minskat stormakternas inflytande, säger Bunn Nagara.

Peter Chang pekar samtidigt på att Asean har allvarliga problem och utmaningar.

– Förhållandena för rohingyafolket i Myanmar och situationen i Kambodja tidigare är exempel på interna problem som Asean inte förmått att lösa.

– Ibland kan man få intrycket att vi inte håller fast vid våra åtaganden om mänskliga rättigheter. Men det finns förståelse för att vissa frågor är komplexa och tar tid att lösa. Detta återspeglas också i vår kultur.

– Asean representerar medlemsländernas kollektiva neutralitet, vilket även stärker de enskilda ländernas självständighet, framhåller Bunn Nagara. Han anser att Asean de facto är alliansfritt. Medlemsländerna ingår i den alliansfria rörelsen, även om en del länder under vissa perioder sökt stöd hos en stormakt mot en annan för att skydda sig.

– Stormaktsrivaliteten och skuggboxningen mellan USA och Kina är mycket oroande. Asean vill att de två stormakterna ska ta ett steg tillbaka och kyla ner den upphettade atmosfären, säger Peter Chang.

– Vi intar en alliansfri ståndpunkt. Det ligger i medlemsländernas intresse att de två supermakterna kan samexistera och samarbeta. Vi behöver både Kina och Förenta staterna. Malaysia har gynnats mycket av handel, investeringar och tekniköverföring från väst under 1900-talets senare del, menar Peter Chang och fortsätter.

– Idag har Kina en omfattande ekonomisk närvaro i hela Sydostasien. Belt and Road Initiative (BRI) är mycket betydelsefullt för regionen. Att frikopplas från Kina, vilket Förenta staterna vill, är inget alternativ för oss. Vi behöver samarbetet med Kina och hoppas verkligen att Förenta staterna och Kina hittar ett sätt att leva tillsammans. Det är en existentiell fråga för oss, menar Peter Chang.

– Vi vill inte välja sida mellan stormakterna, vi är alliansfria. När det gäller ekonomi tenderar Malaysia och andra länder att ha en

mer "Kinavänlig" alliansfrihet. Å andra sidan lutar sig en del Asean-
länder mer mot Förenta staterna när det gäller säkerhetsarrange-
mang för att balansera inflytandet från Kina.

Bunn Nagara framhåller att Asean strävar efter regional säkerhet
även utanför Sydostasien. Man har initierat Asean Plus Three där de
tio medlemsländerna samt Kina, Japan och Sydkorea ingår. Asean
Regional Forum är en plattform för konsultationer om fred och sä-
kerhet i Asien och Stillahavsområdet tillsammans med Australien,
Kanada, Kina, EU, Indien, Japan, Nya Zeeland, Sydkorea och Förenta
staterna. East Asia Summit är ett forum för dialog och samarbete i
östra Asien mellan Asean och åtta andra länder. Världens största
frihandelsavtal, Regional Comprehensive Economic Partnership,
där Aseanländerna, Australien, Nya Zeeland, Kina, Japan och Sydko-
rea ingår, trädde i kraft 2022.

Dr. Rizal Sukma, som är seniorforskare vid Centrum för strate-
giska och internationella studier i Jakarta och tidigare Indonesiens
ambassadör i Storbritannien och Irland, anser att stormaktsrivali-
teten underminerar Aseans centrala ställning. Asean måste driva
geopolitiska frågor mer aktivt i Asean Regional Forum och East Asia
Summit för att Asien och Stillahavsområdet inte ska bli en arena för
maktkamp mellan Förenta staterna och Kina, enligt Rizal Sukma.

Peter Chang nämner Taiwansundet och gränstvisterna i Sydkine-
siska havet som två ytterst farliga konfliktområden.

– Vietnam, Filippinerna, Malaysia och Brunei är inblandade i dis-
pyter med Kina om gränsdragningen i Sydkinesiska havet. Malaysia
har, till skillnad från Vietnam och Filippinerna, valt en lågmäld och
icke-konfrontativ strategi för att i stället försöka lösa konflikten på
diplomatisk väg. Den senaste tiden har Filippinerna anpassat sig till
Förenta staterna och intagit en mycket hårdare hållning i konflikten,
vilket är djupt problematiskt, säger Peter Chang.

– Aseans ståndpunkt är att konflikterna om Sydkinesiska havet
ska lösas på fredlig väg. Det finns en stor oro för att makter med
stora militära resurser som Förenta staterna, Japan och Australien

ska lägga sig i konflikten, vilket skulle öka spänningarna ytterligare, enligt Peter Chang.

– Den kinesiska inställningen är inte ny. Den så kallade niostreckslinjen och de territoriella anspråken var Chiang Kai-check-regimens ståndpunkt före 1949 och är även Taiwanregimens position idag. De historiska och rättsliga grunderna för de olika ståndpunkterna i tvisterna om Sydkinesiska havet är komplicerade. Naturresurser som olja, mineraler och fiske kan också bidra till att området är omtvistat, menar Peter Chang.

Ett nyckelbegrepp i det sydostasiatiska samarbetet är "Asean centrality".

– Asean vill liksom andra regionala block ha en central ställning i frågor som rör den egna regionens intressen. Men detta är inte alltid fallet, säger Peter Chang.

– Ett exempel är den nya militäralliansen AUKUS mellan Förenta staterna, Australien och Storbritannien, som har allvarliga konsekvenser för hela regionen. Inget av medlemsländer i Asean har tillfrågats och har inte haft något att säga till om, anser Peter Chang och tillägger.

– Asean vill behålla regionen som en kärnvapenfri zon. Därför är AUKUS mycket oroande med tanke på konflikterna om Taiwan och Sydkinesiska havet.

I sina krönikor i South China Morning Post skriver Peter Chang att Asean måste dra lärdom av Ukrainas plågsamma erfarenheter.

– Ska Asean lyckas bevara sitt oberoende går det inte att luta sig tungt mot den ena eller andra stormakten, menar Peter Chang. Han lyfter fram de sydostasiatiska ländernas roll som en tredje kraft.

– Tillsammans med likasinnade länder kan Asean återuppliva det alliansfria blocket som en betydelsefull tredje kraft som förespråkar medling och försoning för att mildra den farliga konflikten mellan Förenta staterna och Kina.

Peter Chang drar slutsatsen att världssamfundet mer än någonsin behöver ett alliansfritt block som buffert mot den allt bittrare striden mellan supermakterna.

Indonesien, som med sina 275 miljoner invånare är regionens ledande land, var initiativtagare till den asiatisk-afrikanska konferensen i Bandung på västra Java 1955. Asean räknas till det som idag kallas den globala södern som hämtar inspiration och erfarenhet från den historiska konferensen i Bandung 1955. Den bärande tanken, nu liksom då, är att små och medelstora länder behöver hålla samma och övervinna sina egna konflikter för att kunna utvecklas självständigt och motstå stormaktsdominans. Aseanländerna har på sitt pragmatiska sätt fullföljt och anpassat dessa principer.

Den ekonomiska världsordningen

Geoekonomi och stormaktsdominans

Den 13 januari 2025 beslutade den avgående Bidenadministrationen att ytterligare skärpa restriktionerna för handel med avancerade halvledare för utveckling av artificiell intelligens. Beslutet innebär att världen indelas i tre grupper med olika nivåer av handelshinder. De stater som Förenta staterna bedömer vara lojala allierade (arton länder i Europa, Kanada, Japan, Sydkorea och Australien) ska inte påverkas av restriktionerna. Måltavlan för handelshindren är länder som Förenta staternas utsett till sina motståndare, framför allt Kina, men även Ryssland, Iran och en handfull andra. Majoriteten av världens länder ingår i den tredje gruppen som omfattas av restriktionerna, dock inte i samma utsträckning som de utpekade huvudmotståndarna.

Restriktionerna är ett led i en mångårig strategi med sanktioner och handelskrig för att hindra Kinas och även andra länders ekonomiska utveckling. Strategin bygger på rapporten Revising U.S. Grand Strategy towards China (2015)[34] från tankesmedjan Council on Foreign Relations, som ger ut tidskriften Foreign Affairs och ofta förespråkat amerikanska interventioner världen över. Tankesmedjan, som haft ett stort inflytande över den amerikanska utrikespolitiken, hämtar sina medlemmar från ledarskikten inom finansvärlden, industrin, militären, universiteten och politiska partier. Rapportförfattarna, Robert Blackwill och Ashley Tellis, har båda varit knutna till tankesmedjan RAND Cooperation, som har nära band med försvarsindustrin och den amerikanska statsledningen. Robert Blackwell arbetade tidigare inom Buschadministra-tionen bland annat under ockupationen av Irak.

I rapporten framhålls att "bevarandet av USA:s överlägsenhet i det globala systemet utgör det centrala målet för USA:s strategi i det tjugoförsta århundradet". Lanseringen av den "stora strategin"

---

34 Robert D. Blackwill and Ashley J. Tellis. Revising U.S. Grand Strategy Toward China, Council on Foreign Relations report no. 72, March 2015.

blev upptakten till en förändrad hållning gentemot Kina under dåvarande presidenten Obama, som kom att fullföljas och skärpas ytterligare under såväl Trumps som Bidens presidentskap. Blackwill och Trellis anser att Förenta staterna "konsekvent följt en strategi med fokus på att förvärva och behålla sin överlägsna makt över olika rivaler, först på den nordamerikanska kontinenten, sedan på västra halvklotet och slutligen globalt". De drar slutsatsen att samarbete med Kina hotar amerikansk "överhöghet i Asien".

I rapporten rekommenderas en rad militära, diplomatiska och geoekonomiska[35] åtgärder för att hindra Kinas utveckling: förmånliga handelsavtal med Förenta staternas vänner och allierade som medvetet utesluter Kina, kontrollåtgärder som förhindrar att Kina får tillgång till avancerad teknologi, ökad militär kapacitet i Kinas närhet och samarbete med Kina när det gynnar Förenta staternas nationella intressen.

Den amerikanske ekonomiprofessorn Jeffrey Sachs menar i en debattartikel[36] att "den amerikanska taktiken – att använda handel, teknologi, finanspolitik och militära medel för att stoppa ett annat land – är inte ny för Förenta staterna". Den tillämpades efter andra världskriget för att hålla tillbaka Sovjetunionen och "rullades ut igen i slutet av 1980-talet för att stoppa den snabba tillväxten i Japan, som var en amerikansk allierad, eftersom landet konkurrerade ut den amerikanska industrin". Japan tvingades att gå med på 'frivilliga" exportbegränsningar och en övervärderad yen, skriver Sachs, vilket ledde till att Japans ekonomiska tillväxt föll samman och att landet gick in i en långvarig finanskris. Men till skillnad från Japan har Kina idag en starkare ekonomi och är inte underordnat Förenta staterna, enligt Sachs.

Justin Lin Yifu, ekonomiprofessor och tidigare ekonom på Världsbanken, gör en liknande jämförelse mellan Förenta staternas politik

[35] Användning av ekonomiska instrument för att uppnå geopolitiska mål.
[36] https://www.thestar.com.my/asearplus/aseanplus-news/2024/04/07/china039s-economic-success-in-face-of-growing-us-eu-protectionism

gentemot Japan på 1980-talet och Kina idag i en intervju i South China Moring Post.[37] Han utvecklar sin analys så här i ett längre citat från intervjun:

"På 1980-talet nådde Japans bruttonationalprodukt 65–70 procent av Förenta staternas BNP. Kinas ekonomi är nu 60–70 procent av Förenta staternas BNP, så situationerna verkar vara likartade. Förenta staternas inställning till Japan på den tiden påminde lite om dess nuvarande inställning till Kina: "om du försöker överträffa mig så kommer jag att använda olika ursäkter för att trycka ner dig". På 1980-talet låg många av världens ledande halvledarföretag i Japan och japanska bilar var bättre, billigare och av högre kvalitet än amerikanska bilar.

1985 undertecknades avtalet Plaza Accords[38] där Japan tvingades att höja yenens växelkurs från 260 yen per US-dollar till 120 yen per US-dollar, vilket medförde att den japanska exporten blev mindre konkurrenskraftig.

Beträffande den japanska bilexporten använde den amerikanska regeringen "överkapacitet" som en ursäkt för att begränsa antalet bilar som kunde exporteras till USA varje år. Samtidigt var japanska bilföretag tvungna att investera i produktion i Förenta staterna.

Förenta staterna hävdade också att datorchips som tillverkades i Japan hotade den nationella säkerheten. Japan tvingades till överföring av teknik genom så kallade samriskföretag med amerikanska företag. Produktionen skulle inte koncentreras till Japan utan spreds ut till Samsung, TSMC[39] eller till Förenta staterna.

Resultatet för Japans del blev en 30-årig ekonomisk depression. På 1980-talet var Japans BNP per capita cirka 130 procent av Förenta staternas BNP per capita. Nu är den mindre än hälften och Japans

---

[37] South China Morning Post, 1 August 2024: https://www.scmp.com/economy/china-economy/article/3272650/justin-lin-yifu-chinas-third-plenum-overcapacity-and-avoiding-japans-fate

[38] Förhandlingarna mellan Japan och Förenta staterna hölls på hotell Plaza i New York.

[39] En världsledande tillverkare av halvledare i Taiwan.

totala BNP är mindre än 20 procent av Förenta staternas totala BNP. Jag tror dock inte att Kina kommer att följa Japans väg."

Justin Lin Yifu kommenterar även behovet av en aktiv statlig industripolitik, vilket utvecklingsländerna under lång tid avråtts från att använda. Han menar att alla utvecklade länderna, liksom även de industrialiserade utvecklingsländerna i östra Asien, har tillämpat en aktiv nationell industripolitik.

Den amerikanska strategin mot Kina ska ses mot bakgrund av de genomgripande förändringar som hela regionen genomgått sedan president Sukarno höll sitt visionära invigningstal i Bandung 1955. De forna brittiska och holländska kolonierna i Sydostasien ingår idag i den alliansfria samarbetsorganisationen Asean, som starkt bidragit till regionens ekonomiska framsteg. Östra Asiens och Kinas snabba ekonomiska utveckling och framväxten av nya regionala och internationella ekonomiska samarbetsformer har även förändrat förutsättningarna för Förenta staternas ekonomiska dominans. Den amerikanska staten och storföretagen kan inte längre kontrollera utvecklingen inom fristående samarbetsorganisationer som Asean, Shanghai Cooperation Organisation, Belt and Road Initiative, African Continental Free Trade Area och BRICS.

Förenta staternas geoekonomiska strategi påverkar även Europa och EU. Den amerikanska kongressen antog 2020 lagen Inflation Reduction Act som öppnade för massiva statliga subventioner till teknikföretag. Lagen har mött skarp kritik från EU för att snedvrida konkurrensen, vilket medfört att företag och produktion flyttar från Europa. Ett par år senare införde Förenta staterna och EU omfattande sanktioner mot Ryssland efter invasionen av Ukraina. Europa och särskilt Tyskland har betalat ett mycket högt pris för sanktionerna. Kostnader för gas och olja som nu importeras från främst Förenta staterna har flerdubblats.

Samtidigt har den amerikanska handelspolitiken blivit alltmer protektionistisk. 2019 lämnade Förenta staterna världshandelsorganisationen WTO:s organ för överprövning av handelstvister (Appellate body).

I förlängningen kan den amerikanska strategin leda till en tudelad världsekonomi där världens handel styrs och begränsas på grund av geopolitiska anpassningar till stormaktsintressen. Den amerikanska statsledningen kräver att andra länder ska välja sida i handelskriget mot Kina, införa höga strafftullar på kinesiska eldrivna bilar och solpaneler, utfärda marknadsförbud mot företag som Huawei och ett totalt exportförbud av halvledare till Kina.

4. Arvet från Bandung

Multilateralt samarbete mellan jämbördiga stater

Den 18 april 2025 är det sjuttio år sedan uppropet för en ny rätt-vis, demokratisk och fredlig världsordning antogs på den historiska konferensen i Bandung. Fyra månader därefter, den 24 augusti, in-faller Förenta nationerna 80-årsdag.

Principerna (Dasa-sila) i kommunikén från Bandung om mellan-statliga relationer och en rättvis världsordning är minst lika ange-lägna i dag.

o Fem principer om fredlig samlevnad mellan stater: nationell suveränitet och territoriell integritet, ömsesidig icke-aggression, icke-inblandning i varandras inre angelä-genheter, jämlikhet och samarbete till ömsesidig nytta och fredlig samexistens.

o Avskaffande av kolonialism, rasism och diskriminering.

o Ekonomiskt och kulturel t regionalt och internationellt sam-arbete på jämlik grund.

o Fred, nedrustning och förbud mot kärnvapen.

o Mänskliga rättigheter i enlighet med Förenta nationernas stadga.

Konferensen i Bandung inledde en ny era i internationell politik. Där såddes fröet till en ny världsordning som växte, breddades och fördjupades genom de icke-allierade staternas deklaration i Belgrad 1961 och FN:s generalförsamlings resolution om en ny internation-ell ekonomisk ordning i New York 1974.

I dagens värld har visionen från Bandung mot stormaktsdomi-nans och -rivalitet inspirerat en växande opinion för *multilateralt in-ternationellt samarbete mellan jämbördiga självständiga stater i en-lighet med principerna för fredlig samlevnad och att Förenta nat-ionerna reformeras för att kunna värna principerna.*

Förhoppningsvis kan minnesskriften bidra med ett historiskt perspektiv i en fördjupad diskussion om Sveriges vägval i en föränderlig världsordning, en debatt som borde förts innan inträdet i Nato.

Alliansfriheten övergavs i ett läge när den behövs mer än någonsin.

Käll- och litteraturförteckning

George McTurnan Kahin. The Asian-African Conference: Bandung, Indonesia, April 1955. Ithaca: Cornell University Press, 1956.

Richard Wright. The Color Curtain: A Report on the Bandung Conference, The World Publishing Company, Cleveland, OH, 1956.

Roeslan Abdulgani. The Bandung connection – the Asia-Africa conference in Bandung 1955, Museum of Asian-African conference, Penerbit Gunung Agung, 1980.

Jack Homer. Bandung: an on-the-spot description of the Asian-African conference Bandung, Indonesia, 1955.

Asian-African conference bulletin 1-10, April 1955.

See Seng Tan och Amitav Acharya. Bandung revisited – the legacy of the Asian-African conference for international order, National university of Singapore press, 2008.

L. Eslava, M. Fakhri och V. Nesiah. Bandung, global history and international law, Cambridge University Press, 1980.

Jack Homer. Belgrade: The Conference of the Non-Aligned states, 1961. New York, National committee for a sane nuclear policy.

David van Reybrouck. Revolusi – Indonesiens frigörelse och den moderna världens ursprung, Natur & Kultur, 2024.

Alva Myrdal. Spelet om nedrustningen, Rabén & Sjögren, 1976.

Gemensam säkerhet: ett program för nedrustning. Rapporten från den oberoende kommissionen för nedrustnings- och säkerhetsfrågor (under ordförandeskap av Olof Palme), Tidens förlag, 1982.

Solidaritet utan gränser, Olof Palme – tal och texter i urval, Atlas förlag, 2006.

Bilagor

Slutkommuniké från Bandungkonferensen 1955
President Sukarnos tal på Bandungkonferensen 1955
Uttalande från ANC och SAIC på Bandungkonferensen 1955
Deklaration från konferensen med alliansfria stater 1961
Solidaritet utan gränser, tal av Olof Palme, 1965
De inbrända skuggorna i Hiroshima, tal av Olof Palme, 1985
Första maj 1985, tal av Olof Palme
Gemensam säkerhet 2022, utdrag ur den internationella kommissionens rapport

Alla bilagor, förutom talen av Olof Palme, är översatta från engelska till svenska av Thomas Lindh.

Slutkommuniké från konferensen i Bandung

Den asiatisk-afrikanska konferensen, som sammankallats på inbjudan av premiärministrarna i Burma, Ceylon, Indien, Indonesien och Pakistan, sammanträdde i Bandung från den 18 april till den 24 april 1955. Utöver de fem länder som tagit initiativ till konferensen deltog följande 24 länder:

1. Afghanistan
2. Kambodja
3. Folkrepubliken Kina
4. Egypten
5. Etiopien
6. Guldkusten
7. Iran
8. Irak
9. Japan
10. Jordanien
11. Laos
12. Libanon
13. Liberia
14. Libyen
15. Nepal
16. Filippinerna
17. Saudiarabien
18. Sudan
19. Syrien
20. Thailand
21. Turkiet
22. Demokratiska republiken Vietnam
23. Staten Vietnam
24. Jemen

Den asiatisk-afrikanska konferensen behandlade frågor av gemensamt intresse och betydelse för länderna i Asien och Afrika och diskuterade metoder och sätt på vilka deras folk kunde uppnå ett fullständigare ekonomiskt, kulturellt och politiskt samarbete.

A. Ekonomiskt samarbete

1. Vid den asiatisk-afrikanska konferensen erkändes det brådskande behovet av att främja ekonomisk utveckling i den asiatisk-afrikanska regionen. Det fanns en allmän önskan om ekonomiskt samarbete mellan de deltagande länderna på grundval av ömsesidiga intressen och respekt för den nationella suveräniteten. Förslagen om ekonomiskt samarbete från de deltagande länderna utesluter varken önskvärdheten eller behovet av samarbete med länder utanför regionen, inklusive investeringar av utländskt kapital. Det erkändes vidare att det bistånd som vissa deltagande länder utanför regionen mottog, genom internationella eller bilaterala överenskommelser, hade gett ett värdefullt bidrag till genomförandet av deras utvecklingsprogram.

2. De deltagande länderna enades om att i största möjliga utsträckning ge varandra tekniskt bistånd i form av experter, praktikanter, pilotprojekt och utrustning för demonstationsändamål, utbyte av know-how och inrättande av nationella och, där så är möjligt, regionala utbildnings- och forskningsinstitut för att förmedla tekniska kunskaper och färdigheter i samarbete med befintliga internationella organ.

3. Den asiatisk-afrikanska konferensen rekommenderade: att FN snarast inrättar en särskild fond för ekonomisk utveckling, att den Internationella banken för återuppbyggnad och utveckling anslår en ökad andel av sina resurser till länder i Asien och Afrika, att ett internationellt organ för finansiering och kapitalinvesteringar etableras skyndsamt, och att samriskföretag mellan asiatiska och afrikanska länder uppmuntras, i den mån detta främjar ländernas gemensamma intressen.

4. Den asiatisk-afrikanska konferensen erkände det stora behovet av att stabilisera råvaruhandeln i regionen. Principen om att utvidga tillämpningsområdet för multilateral handel och betalningar

63

godkändes. Det konstaterades dock att vissa länder skulle bli tvungna att använda sig av bilaterala handelsavtal med hänsyn till de rådande ekonomiska förhållandena.

5. Den asiatisk-afrikanska konferensen rekommenderade att de deltagande länderna bör vidta kollektiva åtgärder för att stabilisera de internationella priserna och efterfrågan på råvaror genom bilaterala och multilaterala överenskommelser och att de så långt det är praktiskt möjligt och önskvärt bör anta en enhetlig strategi i frågan i FN:s permanenta rådgivande kommission för internationell råvaruhandel och andra internationella forum.

6. Den asiatisk-afrikanska konferensen rekommenderade vidare följande: asiatiska och afrikanska länder bör diversifiera sin export-handel genom att förädla sina råvaror, där så är ekonomiskt genomförbart, innan de exporteras; intra-regionala mässor bör främjas och utbyte av handelsdelegationer och grupper av affärsmän bör uppmuntras; utbyte av information och varuprover bör uppmuntras i syfte att främja handel inom regionen; och länder som saknar kust bör ges möjlighet till transithandel.

7. Den asiatisk-afrikanska konferensen fäste stor vikt vid sjöfart och uttryckte oro över att rederierna tidvis omprövade sina fraktpriser, ofta till nackdel för de deltagande länderna. Konferensen rekommenderade att problemet studeras och att därefter gemensamma åtgärder vidtas för att förmå rederierna att inta en mer förnuftig hållning. Det föreslogs en undersökning av godstransporter på järnväg för transittrafik.

8. Den asiatisk-afrikanska konferensen enades om att inrättandet av nationella och regionala banker och försäkringsbolag bör uppmuntras.

9. Den asiatisk-afrikansk konferensen menade att utbyte av information i frågor som rör olja, såsom överföring av vinster och beskattning, så småningom skulle kunna leda fram till att en gemensam politik utformas.

10. Den asiatisk-afrikanska konferensen betonade den särskilda betydelsen av utveckling av kärnenergi för fredliga ändamål för de asiatiska och afrikanska länderna. Konferensen välkomnade initiativet, från de stater som i första hand berörs, att tillhandahålla kunskap om atomenergins användning för fredliga ändamål; yrkade på ett snabbt inrättande av det Internationella atomenergiorganet, som bör tillse att de asiatiska och afrikanska länderna företräds på lämpligt sätt i organets verkställande organ; och rekommenderade de asiatiska och afrikanska regeringarna att dra full nytta av den utbildning och andra resurser för fredlig användning av atomenergi som erbjuds av de länder som stödjer sådana program.

11. Den asiatisk-afrikanska konferensen enades om att utse sambandspersoner (liaison officers) i de deltagande länderna, som skall utses av deras respektive nationella regeringar, för utbyte av information och idéer i frågor av gemensamt intresse. Rådet rekommenderade att de befintliga internationella organisationerna bör utnyttjas i större utsträckning och att deltagande länder som inte var medlemmar i sådana internationella organisationer, men som var berättigade till medlemskap, bör erhålla medlemskap.

12. Den asiatisk-afrikanska konferensen rekommenderade att de deltagande länderna först skulle samråda i internationella forum i syfte att i möjligaste mån främja deras ömsesidiga ekonomiska intressen. Avsikten är dock inte att bilda ett asiatiskt-afrikanskt block.

B. Kulturellt samarbete

1. Den asiatisk-afrikanska konferensen var övertygad om att ett av de mest kraftfulla medlen för att främja förståelse mellan nationer är kulturellt samarbete. Asien och Afrika har varit vaggan för stora religioner och civilisationer som har berikat andra kulturer och civilisationer samtidigt som de själva har berikats i denna process. Således vilar kulturerna i Asien och Afrika på andliga och universella värderingar. Dessvärre har kontakterna mellan asiatiska och afrikanska länder avbrutits under de senaste århundradena. Folken i Asien och Afrika är nu besjälade av en stark och uppriktig önskan

65

att förnya sina gamla kulturella kontakter och utveckla nya inom ramen för den moderna världen. Alla regeringar som deltog i konferensen upprepade sin beslutsamhet att arbeta för ett närmare kulturellt samarbete.

2. Den asiatisk-afrikanska konferensen noterade det faktum att kolonialismens i många delar av Asien och Afrika, i vilken form den än må vara, inte bara förhindrar kulturellt samarbete utan också undertrycker folkens nationella kulturer. Vissa kolonialmakter har förnekat sina underlydande folk grundläggande rättigheter inom utbildning och kultur, vilket hämmar personlig utveckling och även förhindrar kulturellt umgänge med andra asiatiska och afrikanska folk. Detta gäller särskilt Tunisien, Algeriet och Marocko, där befolkningens grundläggande rätt att studera sitt eget språk och sin egen kultur har undertryckts. Liknande diskriminering har utövats mot afrikanska och färgade människor i andra delar av den afrikanska kontinenten. Konferensen ansåg att denna politik innebär ett förnekande av de grundläggande mänskliga rättigheterna, att den hindrar det kulturella framåtskridandet i den asiatisk-afrikanska regionen och att den också hindrar det kulturella samarbetet på det internationella planet. Konferensen fördömde detta förnekande av de grundläggande rättigheterna inom utbildning och kultur i vissa delar av Asien och Afrika och andra former av kulturellt förtryck. Konferensen fördömde särskilt rasism som ett medel för kulturellt förtryck.

3. Konferensen betraktade inte utvecklingen av kulturellt samarbete mellan asiatiska och afrikanska länder utifrån en känsla av exkludering eller rivalitet med andra grupper av nationer, civilisationer och kulturer. I enlighet med den urgamla traditionen av tolerans och universalitet ansåg konferensen att det kulturella samarbetet i Asien och Afrika bör utvecklas inom ramen för ett bredare internationellt samarbete. Parallellt med utvecklingen av det asiatisk-afrikanska kulturella samarbetet vill länderna i Asien och Afrika även utveckla kulturella kontakter med andra. Detta skulle berika

den egna kulturen och även bidra till att främja fred och förståelse i världen.

4. Det finns många länder i Asien och Afrika som ännu inte har kunnat utveckla egna institutioner inom utbildning, vetenskap och teknik. Konferensen rekommenderade att de länder i Asien och Afrika som är mer gynnade i detta avseende bör ta emot studenter och praktikanter från sådana länder vid sina institutioner. Sådana möjligheter bör också göras tillgängliga för de asiatiska och afrikanska folken i Afrika, som för närvarande nekas möjlighet till högre utbildning.

5. Den asiatisk-afrikanska konferensen ansåg att främjandet av kulturellt samarbete mellar länderna i Asien och Afrika bör inriktas på följande:
i) förvärvande av kunskap om varandras länder,
ii) ömsesidigt kulturellt utbyte, och
iii) utbyte av information.

6. Den asiatisk-afrikanska konferensen ansåg att de bästa resultaten av rekommendationerna om kulturellt samarbete i detta skede uppnås genom bilaterala arrangemang och att varje land vidtar åtgärder på egen hand, när så är möjligt och genomförbart.

C. Mänskliga rättigheter och självbestämmande

1. Den asiatisk-afrikanska konferensen förklarade sitt fulla stöd för de grundläggande principerna om de mänskliga rättigheterna såsom de anges i Förenta nationernas stadga och noterade att den Allmänna deklarationen om mänskliga rättigheter är en gemensam norm att uppnå för alla folk och alla nationer.

Konferensen förklarade sitt fulla stöd för principen om folkens och nationernas självbestämmanderätt, såsom den framställs i Förenta nationernas stadga och noterade att Förenta nationernas resolutioner om folkens och nationernas rätt till självbestämmande, är en förutsättning för att alla grundläggande mänskliga rättigheter skall kunna åtnjutas fullt ut.

67

2. Den asiatisk-afrikanska konferensen beklagade den politik och praxis för etnisk segregation och diskriminering som utgör grunden för styrelseskick och mänskliga relationer i stora regioner i Afrika och i andra delar av världen. Ett sådant beteende är inte bara en grov kränkning av de mänskliga rättigheterna, utan också ett förnekande av människans värdighet. Konferensen uttryckte sin varma sympati och sitt stöd för den modiga ståndpunkt som intagits av offren för rasdiskriminering, särskilt folk av afrikanskt, indiskt och pakistanskt ursprung i Sydafrika; hyllade alla som stöder deras sak; bekräftade på nytt de asiatiska och afrikanska folkens beslutsamhet att utrota varje spår av rasistisk nationalism som kan finnas i deras egna länder; och lovade att använda sitt fulla moraliska inflytande för att skydda sig mot risken att falla offer för samma ondska i sin kamp för att utrota den.

D. De beroende folkens problem

1. Den asiatisk-afrikanska konferensen diskuterade problemen för de underkuvade folken, kolonialismen och de missförhållanden som uppstår när folken underkastas främmande förtryck, dominans och exploatering.

Konferensen är enig om:

a) att kolonialismen i alla dess yttringar är ett ont som snabbt måste få ett slut;

b) att folkens underkastelse under främmande förtryck, dominans och exploatering utgör ett förnekande av de grundläggande mänskliga rättigheterna, strider mot Förenta nationernas stadga och utgör ett hinder för främjandet av fred och samarbete i världen;

c) att uttala sitt stöd för alla dessa folks frihet och oavhängighet;

d) att uppmana vederbörande makter att tillerkänna dessa folk sin frihet och oavhängighet.

2. Mot bakgrund av den oroliga situationen i Nordafrika och det fortsatta förnekandet av de nordafrikanska folkens rätt till självbestämmande förklarade den asiatisk-afrikanska konferensen sitt stöd för de algeriska, marockanska och tunisiska folkens rätt till

självbestämmande och oberoende och uppmanade den franska regeringen att utan dröjsmål få till stånd en fredlig lösning på frågan.

E. Andra problem

1. Med hänsyn till de spänningar som råder i Mellanöstern, som orsakas av situationen i Palestina och den fara som detta utgör för världsfreden, har den asiatisk-afrikanska konferensen uttalat sitt stöd för det arabiska folkets rättigheter i Palestina och uppmanat till genomförande av Förenta nationernas resolutioner om Palestina och en fredlig lösning av Palestinafrågan.

2. Den asiatiska-afrikanska konferensen, inom ramen för sin uttalade hållning om avskaffandet av kolonialismen, förklarade sitt stöd för Indonesiens ståndpunkt i frågan om Västra Irian[40], på grundval av de relevanta avtalen mellan Indonesien och Nederländerna.

Den asiatisk-afrikanska konferensen uppmanade den nederländska regeringen att återuppta förhandlingarna så snart som möjligt för att fullgöra sina förpliktelser enligt de ovan nämnda avtalen och uttryckte en uppriktig förhoppning om att Förenta nationerna skulle bistå de berörda parterna i arbetet med att finna en fredlig lösning på tvisten.

3. Den asiatisk-afrikanska konferensen uttalade sitt stöd för Jemens ståndpunkt i fråga om Aden och de södra delarna av Jemen, de så kallade protektoraten, och uppmanade de berörda parterna att nå en fredlig lösning på tvisten.

F. Främjande av världsfred och samarbete

1. Den asiatisk-afrikanska konferensen, som noterade det faktum att flera stater ännu inte har upptagits i Förenta nationerna, ansåg att för ett effektivt samarbete för världsfred bör medlemskapet i Förenta nationerna vara universellt och uppmanade säkerhetsrådet att stödja anslutningen av alla de stater som är kvalificerade för medlemskap enligt stadgan. Enligt den asiatisk-afrikanska kon-

---

40 Numera Västra Papua.

ferensens åsikt var följande av de deltagande länderna kvalificerade: Kambodja, Ceylon, Japan, Jordanien, Libyen, Nepal och ett förenat Vietnam.

Konferensen ansåg att länderna i den asiatisk-afrikanska regionen var otillräckligt företrädda i säkerhetsrådet med hänsyn till principen om rättvis geografisk fördelning. Konferensen uttryckte åsikten att, gällande fördelningen av de icke-permanenta platserna, så bör de asiatiska och afrikanska länderna, som enligt den överenskommelse som träffades i London 1946 är uteslutna från att bli valda, ges möjlighet att delta i säkerhetsrådet, så att de på ett mer effektivt sätt kan bidra till upprätthållandet av internationell fred och säkerhet.

2. Efter att ha övervägt den farliga situation med internationella spänningar och de risker som hela mänskligheten står inför till följd av ett globalt krig, i vilket den destruktiva kraften hos alla typer av vapen, inklusive kärnvapen och termonukleära vapen, skulle användas, uppmanade den asiatisk-afrikanska konferensen alla nationer att uppmärksamma de fruktansvärda konsekvenser som skulle följa om ett sådant krig skulle bryta ut.

Konferensen ansåg att nedrustning och förbud mot produktion, experiment och användning av kärnvapen och termonukleära vapen i krig är absolut nödvändigt för att rädda mänskligheten och civilisationen från fruktan och risken för total förstörelse. De här församlade nationerna i Asien och Afrika har en plikt gentemot mänskligheten och civilisationen att uttala sitt stöd för nedrustning och för förbud mot dessa vapen och att vädja till de huvudsakligen berörda nationerna och till världsopinionen att få till stånd nedrustning och förbud av kärnvapen. Konferensen ansåg att en effektiv internationell kontroll bör införas och upprätthållas för att genomföra nedrustning och förbud av kärnvapen samt att skyndsamma och beslutsamma ansträngningar ska göras i detta syfte.

I avvaktan på ett totalförbud mot tillverkning av kärnvapen och termonukleära vapen vädjade konferensen till alla berörda makter att nå en överenskommelse om att skjuta upp alla experiment med sådana vapen. Konferensen förklarade att allmän nedrustning är en absolut nödvändighet för att bevara freden och anmodade Förenta nationerna att fortsätta sina ansträngningar och vädjade till alla berörda att skyndsamt åstadkomma reglering, begränsning, kontroll och minskning av alla väpnade styrkor och rustningar, däri inbegripet förbud mot produktion, experiment och användning av alla slags massförstörelsevapen, samt att upprätta en effektiv internationell kontroll i detta syfte.

G. Deklaration om främjande av fred och samarbete i världen

Den asiatisk-afrikanska konferensen ägnade stor uppmärksamhet åt frågan om världsfred och samarbete. Den betraktade med djup oro det nuvarande spända internationella läget och faran för ett atomkrig. Frågan om fred hänger samman med internationell säkerhet. I dessa frågor bör alla stater samarbeta, särskilt genom Förenta nationerna, för att få till stånd en minskning av rustningarna och avskaffande av kärnvapen under effektiv internationell kontroll. På så sätt kan internationell fred främjas och kärnkraften användas uteslutande för fredliga ändamål. Detta skulle bidra till att tillgodose behoven i synnerhet i Asien och Afrika, eftersom de är i trängande behov av sociala framsteg och förbättrad levnadsstandard och ökad frihet.

Frihet och fred är beroende av varandra. Rätten till självbestämmande måste åtnjutas av alla folk, och frihet och oberoende måste med minsta möjliga dröjsmål tillerkännas folken som fortfarande är i beroendeställning. Alla nationer bör ha rätt att fritt välja sina egna politiska och ekonomiska system och sitt eget sätt att leva, i enlighet med ändamålen och principerna i Förenta nationernas stadga. Utan misstro och fruktan, och med förtroende och välvilja gentemot varandra, bör nationerna iaktta tolerans och leva tillsammans i fred som goda grannar och utveckla ett vänskapligt samarbete på grundval av följande principer:

1. Respekt för de grundläggande mänskliga rättigheterna och för ändamålen och principerna i Förenta nationernas stadga.
2. Respekt för alla nationers suveränitet och territoriella integritet.
3. Erkännande av alla rasers jämlikhet och jämlikhet mellan alla nationer, stora som små.
4. Att avstå från att ingripa eller blanda sig i ett annat lands inre angelägenheter.
5. Respekt för varje nations rätt att försvara sig enskilt eller kollektivt i överensstämmelse med Förenta nationernas stadga.
6. a) Att avstå från att använda arrangemang för kollektivt försvar för att tjäna någon av stormakternas särskilda intressen.
   b) Att ett land avstår från att utöva påtryckningar på andra länder.
7. Att avstå från handlingar eller hot om aggression eller användning av våld mot något lands territoriella integritet eller politiska oberoende.
8. Att alla internationella tvister löses med fredliga medel, såsom förhandling, medling, skiljeförfarande eller rättslig prövning, samt andra fredliga metoder som parterna själva väljer, i enlighet med Förenta nationernas stadga.
9. Främjande av ömsesidiga intressen och samarbete.
10. Respekt för rättvisa och internationella förpliktelser.

Asiatiska och afrikanska konferensen förklarar sin övertygelse att ett vänskapligt samarbete i enlighet med dessa principer effektivt skulle bidra till att upprätthålla och främja internationell fred och säkerhet och att samarbete på de ekonomiska, sociala och kulturella områdena skulle bidra till att skapa gemensamt välstånd och välstånd för alla. Den asiatisk-afrikanska konferensen rekommenderade de fem länder som tog initiativ till konferensen att överväga att sammankalla nästa möte i samråd med de deltagande länderna.

President Sukarnos tal i Bandung

Den 18 april 1955 höll Indonesiens president Sukarno följande invigningstal på den asiatisk-afrikanska konferensen i Gedung Merdeka i Bandung.

Ers excellenser, mina damer och herrar, systrar och bröder. Det är en stor ära och ett privilegium för mig att på denna historiska dag hälsa er välkomna till Indonesien. På uppdrag av Indonesiens folk och regering - era värdar - ber jag om er förståelse och fördragsamhet om vissa omständigheter i vårt land inte motsvarar era förväntningar. Jag försäkrar dig att vi har gjort vårt bästa för att göra er vistelse hos oss minnesvärd för både våra gäster och era värdar. Vi hoppas att det varma välkomnandet kommer att uppväga de materiella brister som kan finnas.

När jag blickar ut över denna sal och de framstående gäster som samlats här fylls mitt hjärta av varma känslor. Detta är den första interkontinentala konferensen för färgade folk i mänsklighetens historia!

Jag är stolt över att mitt land är er värd. Det gläder mig att ni kunde tacka ja till inbjudningarna från de fem länderna som stött tillblivelsen av denna konferens. Men jag kan inte heller hålla tillbaka känslorna av sorg när jag tänker på de vedermödor som många av våra folk så nyligen har genomgått, vedermödor som har krävt ett högt pris, i såväl materiella som andliga ting.

Jag inser att vi har samlats här i dag som ett resultat av uppoffringar. Uppoffringar som gjorts av våra förfäder och av människor i våra egen och yngre generationer. För mig är denna sal inte bara fylld av ledarna för nationerna i Asien och Afrika; den rymmer också mellan sina väggar den odödliga, den okuvliga, den oövervinnerliga andan hos dem före oss. Deras kamp och uppoffringar banade väg för detta möte mellan de högsta representanterna för oberoende och suveräna nationer från två av världens största kontinenter.

73

Det är början på något nytt i världshistorien att ledare för de asiatiska och afrikanska folken kan mötas i sina egna länder för att diskutera och överlägga om frågor av gemensamt intresse. För bara några årtionden sedan var det ofta nödvändigt att resa till andra länder och till och med till andra kontinenter när talespersoner för våra folk skulle träffas på en konferens.

Jag vill i detta sammanhang erinra om konferensen för "Förbundet mot imperialism och kolonialism", som hölls i Bryssel för nästan trettio år sedan. På den konferensen möttes många framstående delegater, som är närvarande här i dag, och fann ny styrka i sin kamp för självständighet.

Men det var en mötesplats som låg tusentals mil bort bland främmande människor i ett främmande land, på en främmande kontinent. Platsen valdes inte av egen fri vilja utan av nödvändighet.

Idag är kontrasten stor. Våra nationer och länder är inte längre kolonier. Nu är vi fria, suveräna och oberoende. Vi är åter herrar i vårt eget hus. Vi behöver inte åka till andra kontinenter för att mötas på en konferens.

Det har redan hållits viktiga möten mellan de asiatiska staterna här i Asien. Om ni vill ta reda på föregångaren till denna stora sammankomst måste vi vända blicken mot Colombo, huvudstad i det självständiga Sri Lanka (Ceylon) och till konferensen mellan de fem premiärministrarna som hölls där 1954. Bogorkonferensen i december 1954 öppnade vägen för den asiatisk-afrikanska solidariteten och att konferensen, som jag har äran att välkomna er till i dag, förverkligar denna solidaritet.

Jag är verkligen stolt över att mitt land är er värd.

Men mina tankar är inte helt och hållet uppfyllda av den ära som Indonesien känner i dag. Nej, mitt sinne förmörkas delvis av andra tankar.

Ni har inte samlats i en värld av fred, enighet och samarbete. Stora klyftor gapar mellan nationer och grupper av nationer. Vår olyckliga värld är söndersliten och torterad och folken i alla länder går i fruktan för att krigets hundar, utan deras förskyllan, än en gång skall släppas fria. Och om detta, trots alla förmågor människor besitter, skulle inträffa. Vad händer då? Hur står det då till med vår nyligen återvunna självständighet och med våra barn och våra föräldrar? Bördan som vilar på delegaterna på denna konferens är inte lätt. Jag vet att dessa frågor som rör själva mänsklighetens liv eller död upptar era liksom mina tankar. Och nationerna i Asien och Afrika kan inte, även om de skulle vilja, undvika sitt ansvar för att finna lösningar på dessa problem. Det är en del av själva oberoendets skyldigheter. Det är en del av det pris vi gärna betalar för vårt oberoende. I många generationer har våra folk varit de som inte haft någon röst i världen. Vi har varit de obeaktade, de folk för vilka beslut fattades av andra, vars intressen var överordnade de folk som levde i fattigdom och förnedring. Då krävde våra nationer, ja, kämpade för självständighet och uppnådde självständighet, och med självständigheten följde ansvar. Vi har ett tungt ansvar för oss själva, för världen och för de ännu ofödda generationerna. Men vi ångrar inte ansvaret.

År 1945, första året på vår nationella revolution, stod vi i Indonesien inför frågan vad vi skulle göra med vår självständighet när den äntligen var uppnådd och säkrad - vi ifrågasatte aldrig detta. Vi visste hur vi kunde bjuda motstånd. Plötsligt blev det nödvändigt att fylla vår självständighet med innehåll och mening. Inte enbart materiellt innehåll och mening, utan också etiskt och moraliskt innehåll. Oavhängighet utan etik och utan moral skulle verkligen vara en dålig kopia av vad vi strävade efter. Det ansvar och de bördor, de rättigheter, skyldigheter och privilegier som följer med oavhängigheten måste ses som en del av oberoendets etiska och moraliska innehåll.

Vi välkomnar verkligen den förändring som innebär att vi ska axla nya bördor och vi är alla fast beslutna att använda all vår styrka och allt vårt mod för att bära dessa bördor.

Systrar och bröder, hur oerhört dynamisk är inte vår tid! Jag minns att jag för flera år sedan hade tillfälle att göra en analys av kolonialismen och att jag då riktade uppmärksamheten på vad jag kallade "imperialismens livlina". Denna livlina går från Gibraltarsundet, genom Medelhavet, Suezkanalen, Röda havet, Indiska oceanen, Sydkinesiska havet och Japanska havet. Territorierna på båda sidor utmed stora delar av denna vidsträckta livlina var kolonier, folken var ofria, deras framtid var pantsatt till ett främmande system. Längs denna livlina, imperialismens pulsåder, pumpades kolonialismens blod.

Idag är ledarna för dessa folk församlade i denna sal. De är inte längre offer för kolonialismen. De är inte längre verktyg för andra eller marionetter för krafter som de inte kan påverka. I dag är ni representanter för fria folk, folk med en annan resning och ställning i världen.

Ja, vi har verkligen upplevt en "Sturm über Asien" - och även över Afrika också. De senaste åren har vi sett enorma förändringar. Nationer, stater, har vaknat upp ur århundradens sömn. Folken är inte längre passiva, det yttre lugnet har lämnat plats för kamp och aktivitet. Oemotståndliga krafter har svept över de två kontinenterna. Hela världens mentala, andliga och politiska framtoning har förändrats och processen är fortfarande inte fullbordad. Nu har vi nya förhållanden, nya begrepp, nya problem, nya ideal i världen. Orkaner av nationellt uppvaknande och återuppvaknande har svept över landet, skakat om och lett till förändringar.

Det tjugonde århundradet har varit en tid av oerhörd dynamik. Människan har lärt sig att kontrollera många av de gissel som en gång hotade henne. Hon har lärt sig att övervinna avstånd. Hon har lärt sig att sända sin röst och sin bild över oceaner och kontinenter. Hon har utforskat naturens hemligheter på djupet och lärt sig hur man får öknen att blomstra och jordens skördar att växa. Hon har lärt sig hur man frigör de enorma krafter som är inneslutna i materiens minsta partiklar.

Men har människans politiska skicklighet gått hand i hand med hennes tekniska och vetenskapliga skicklighet? Människan kan tygla blixten – men kan hon kontrollera det samhälle vi lever i? Svaret är nej! Människans politiska förmåga har vida överträffats av den tekniska skickligheten, och det som åstadkommits kan hon inte vara säker på att kunna kontrollera. Detta leder till rädsla: människan hungrar efter säkerhet och moral.

Kanske nu, mer än någon annan tidpunkt i världshistorien, behöver samhället, statsledningar och statskonsten grundas på den högsta moral och etik. Och i politiska termer, vad är den högsta moralkodexen? Det är att allt underordnas mänsklighetens välbefinnande. Men i dag står vi inför en situation där mänsklighetens välbefinnande inte alltid kommer i första hand. Många som befinner sig på positioner med stor makt tänker snarare på att kontrollera och styra världen.

Ja, vi lever i en värld av rädsla. Människans liv i dag fräts sönder av rädsla och bitterhet. Rädsla för framtiden, rädsla för vätebomben, rädsla för ideologier. Kanske är denna rädsla en större fara än faran själv, eftersom det är rädslan som driver människor att handla dåraktigt, att handla tanklöst, att handla farligt.

I era diskussioner, systrar och bröder, ber jag er, låt er inte ledas av dessa rädslor, ty fruktan är en syra som etsar fast människans handlingar i märkliga mönster. Låt er vägledas av förhoppningar och beslutsamhet, låt er vägledas av ideal och, ja, låt er vägledas av drömmar!

Vi kommer från många olika nationer, vi har många olika sociala bakgrunder och kulturella mönster. Våra sätt att leva är olika. Våra nationalkaraktärer, eller färger, eller motiv - kalla det vad ni vill - är olika. Vår rastillhörighet och till och med vår hudfärg är olika. Men vad spelar det för roll? Mänskligheten är enad eller splittrad av andra anledningar än dessa. Konflikter uppkommer inte beroende på olika hudfärg, inte heller på olika religioner, utan beroende på olika intressen och begär.

Jag är säker på att vi alla förenas av viktigare saker än de som ytligt skiljer oss åt. Vi förenas till exempel av en gemensam avsky för kolonialismen i vilken form den än tar sig. Vi förenas av ett gemensamt förakt för rasism. Och vi förenas av en gemensam beslutsamhet att bevara och stabilisera freden i världen. Omnämns inte dessa mål i det inbjudningsbrev som ni besvarade?

Jag erkänner gärna att jag inte är oegennyttig eller enbart driven av rent osjälviska motiv. Hur är det möjligt att vara ointresserad av kolonialismen? För oss är kolonialismen inte något avlägset. Vi har känt den i all dess hänsynslöshet. Vi har sett det enorma mänskliga slöseri som den orsakar, den fattigdom som orsakas och det arv som efterlämnas när kolonialismen motvilligt men oundvikligen till slut förpassats till historien. Mitt folk och folken i många nationer i Asien och Afrika vet detta, för vi har upplevt det.

Vi kan faktiskt ännu inte säga att alla delar av våra länder är fria. Vissa delar lider fortfarande under piskan. Och vissa delar av Asien och Afrika, som inte är representerade här, lider fortfarande under dessa förhållanden.

Ja, vissa delar av våra nationer är ännu inte fria. Därför kan vi ännu inte känna att resans mål har nåtts. Inget folk kan känna sig fritt så länge en del av deras fosterland är ofritt. Liksom freden är friheten odelbar. Det finns inget som att vara till hälften fri, på samma sätt som något inte att vara till hälften levande.

Vi får ofta höra att "kolonialismen är död". Låt oss inte luras eller ens lugnas av detta. Till er vill jag säga att kolonialismen ännu inte är död. Hur kan vi säga att den är död så länge stora delar av Asien och Afrika är ofria.

Och jag ber er att inte enbart tänka på kolonialismen i den klassiska form som vi i Indonesien och våra bröder i olika delar av Asien och Afrika kände till. Kolonialismen har också sin moderna skrud, i form av ekonomisk kontroll, intellektuell kontroll, faktisk fysisk kontroll av en liten men främmande del inom en nation. Det är en skicklig och beslutsam fiende, och den uppträder i många olika skepnader. Den ger inte upp sitt byte så lätt. Var som helst, när och hur den än dyker upp är kolonialismen något ont, och något som måste utrotas från jorden.

Kampen mot kolonialismen har varit lång. Känner ni till att i dag infaller en berömd årsdag i den kampen? Den artonde dagen i april 1775, för bara etthundraåttio år sedan, red Paul Revere vid midnatt genom New Englands landsbygd och varnade för att brittiska trupper närmade sig och att det amerikanska frihetskriget skulle inledas, det första framgångsrika antikoloniala kriget i historien. Om denna midnattsritt skrev poeten Longfellow:

Ett rop av trots och inte av rädsla
En röst i mörkret, en knackning på dörren
Och ett ord som ska eka i evighet

Ja, dessa ord kommer att eka i evighet, precis som andra antikoloniala texter som skänkte tröst och tillförsikt under vår kamps mörkaste dagar kommer att eka i evighet. Men kom ihåg att den strid som började för 180 år sedan ännu inte är helt vunnen, och den kommer inte att ha vunnits helt och hållet förrän vi kan överblicka vår egen värld och säga att kolonialismen är död.

Så, jag är inte oberörd när jag talar om kampen mot kolonialismen.

Jag är inte heller oengagerad när jag talar om kampen för fred. Hur kan någon av oss vara ointresserad av fred?

För inte så länge sedan hävdade vi att fred var en nödvändighet för oss, eftersom strider i vår del av världen skulle äventyra vår dyrbara självständighet, som vi nyligen vunnit till ett så högt pris.

Idag är bilden mer svart. Krig skulle inte bara innebära ett hot mot vårt oberoende, det kan innebära slutet för civilisationen och till och med för mänskligt liv. En kraft har släppts lös i världen vars potential för ondska ingen människa egentligen känner till. Till och med under övning och förberedelser inför krig kan effekterna mycket väl byggas upp till något av okänd fasa.

För inte så länge sedan var det möjligt att trösta sig med tanken att sammandrabbningen, om den kom, kanske kunde lösas med vad som kallades "konventionella vapen" - bomber, stridsvagnar, kanoner och manskap. I dag förvägras vi detta lilla korn av tröst. Det har blivit tydligt att ultimata förintelsevapen helt säkert kommer att användas och att nationernas militära planering baseras på detta. Det okonventionella har blivit det konventionella. Vem vet vilka andra exempel på missriktad, djävulsk vetenskaplig skicklighet som plågar mänskligheten som har upptäckts. Tro inte att oceanerna och haven kommer att skydda oss. Maten vi äter, vattnet vi dricker, ja, till och med själva luften vi andas kan vara förorenad av gifter som kommer tusentals mil ifrån. Även om vi själva skulle slippa undan lättvindigt så skulle våra barns ofödda generationer bära märken och spår på sina förvridna kroppar av vårt misslyckande att kontrollera de krafter som har släppts ut över världen.

Ingen uppgift är mer angelägen än att bevara freden. Utan fred betyder vår självständighet inte mycket. Återuppbyggnaden och det fortsatta bygget av våra länder skulle inte ha någon större betydelse. Våra revolutioner kommer inte att kunna fullföljas.

Vad kan vi göra? Folken i Asien och Afrika har föga fysisk makt och även deras ekonomiska styrka är splittrad och begränsad. Vi kan inte ägna oss åt maktpolitik. För vår del handlar diplomati inte om att använda maktmedel. Våra statsmän har inte stöd av massiva formationer av jetbombplan.

Så, vad kan vi göra? Vi kan göra mycket! Vi kan föra in förnuftets röst i världspolitiken. Vi kan mobilisera hela Asiens och Afrikas andliga, moraliska, politiska styrka på fredens sida. Ja, vi Asiens och Afrikas folk, 1 400 000 000 människor, långt mer än hälften av världens befolkning, vi kan mobilisera vad jag har kallat nationernas "moraliska våld" till förmån för fred. Vi kan visa för den minoritet av världen som bor på de andra kontinenterna att vi, majoriteten, tar ställning för fred, mot krig, och oavsett vilken styrka vi än har så kommer den att stå på fredens sida.

I denna kamp har vissa framgångar redan vunnits. Jag tror att det är allmänt erkänt att den verksamhet som bedrevs av premiärministrarna i de länder som bjöd in er hit, spelade en inte oväsentlig roll för att få slut på striderna i Indokina.

Asiens folk höjde sina röster och världen lyssnade. Det var ingen liten seger och inget försumbart prejudikat! De fem premiärministrarna kom inte med hot. De ställde inte ultimatum, de mobiliserade inga trupper. I stället samrådde de med varandra, diskuterade frågorna, samlade sina idéer och politiska färdigheter och kom fram med välgrundade och välmotiverade förslag som låg till grund för uppgörelsen efter den långvariga striden i Indokina.

Sedan dess har jag ofta frågat mig själv varför dessa fem premiärministrar var framgångsrika när andra, med lång erfarenhet av diplomati, misslyckades och i själva verket tillät att en svår situation förvärrades, med risk för att konflikten skulle sprida sig. Berodde det på att de var asiater? Kanske är det en del av svaret, eftersom faran stod för dörren och varje utvidgning av konflikten skulle utgjort ett omedelbart hot mot dem själva. Men jag tror att svaret i själva verket är att de fem premiärministrarna använde ett nytt tillvägagångssätt för att lösa problemet. De var inte själva ute efter fördelar för sina egna länder. De hade inga maktpolitiska verktyg. De var bara intresserade av att få slut på striderna så att chanserna till bestående fred och stabilitet ökade.

Detta, mina systrar och bröder, var ett historiskt ögonblick. Några länder i det fria Asien talade, och världen lyssnade. De talade om ett ämne av omedelbar betydelse för Asien och gjorde därmed helt klart att Asiens angelägenheter är de asiatiska folkens egen sak. Den tid är sedan länge förbi då Asiens framtid kunde avgöras av andra och fjärran folk.

Vi kan dock inte, och vi får inte, begränsa oss till våra egna kontinenters angelägenheter. Världens stater är idag beroende av varandra, och inget land kan vara en ö för sig själv. En storslagen isolering kan en gång ha varit möjlig, men så är det inte längre. Världens angelägenheter är också våra angelägenheter och vår framtid beror på lösningarna för alla internationella problem, oavsett hur avlägsna de än kan verka.

När jag blickar ut över denna sal, går mina tankar tillbaka till en annan konferens för folken i Asien och Afrika. I början av 1949 - historiskt sett för bara en liten stund sedan - var mitt land för andra gången sedan vår självständighetsförklaring indraget i en kamp på liv och död. Vår nation var belägrad och inringad, stora delar av vårt territorium ockuperat, en stor del av våra ledare fängslade eller landsförvisade och vår existens som stat hotad. Frågorna avgjordes inte i konferensrum utan på slagfältet. Våra sändebud var då gevär, kanoner, bomber, granater och bambuspjut. Vi var utsatta för blockader, både fysiskt och intellektuellt.

Det var i detta sorgliga men ärorika ögonblick i vår nationella historia som vår goda granne Indien sammankallade en konferens för asiatiska och afrikanska nationer i New Delhi för att protestera mot den orättvisa som begåtts mot Indonesien och för att stödja vår kamp. Den intellektuella blockaden var bruten! Våra delegater flög till New Delhi och fick på nära håll uppleva det massiva stödet till vår kamp för nationell överlevnad. Aldrig tidigare i mänsklighetens historia har vi sett en sådan solidaritet mellan asiatiska och afrikanska folk för att rädda en asiatisk nation i fara. Diplomaterna och statsmännen, pressen och gemene man hos våra asiatiska och afrikanska grannar stödde alla oss. Vi fick nytt mod att driva vår kamp framåt till dess framgångsrika slut. Vi insåg återigen till fullo sanningen i Desmoulin's[41] uttalande: "Tvivla inte på ett fritt folks allmakt".

Kanske har konferensen som har samlats här i dag på sätt och vis sina rötter i denna manifestation av asiatisk-afrikansk solidaritet för sex år sedan.

Hur det än förhåller sig med den saken kvarstår det faktum att var och en av er bär ett tungt ansvar och jag ber till Gud att ansvaret ska fullgöras med mod och visdom.

Jag ber till Gud att denna asiatisk-afrikanska konferens lyckas med sitt arbete.

---

[41] Fransk journalist och politiker under franska revolutionen.

Åh, systrar och bröder, låt denna konferens bli en stor framgång! Trots den mångfald som finns bland deltagarna, låt denna konferens bli en stor framgång! Ja, vi har mångfald hos oss. Vem förnekar det? Små och stora nationer är representerade här, människor som bekänner sig till nästan alla religioner under solen - buddhism, islam, kristendom, konfucianism, hinduism, jainism, sikhism, zoroasthrianism, shintoism och andra. Nästan varje politisk åsikt möts här - demokrati, monarki, teokrati, med oräkneliga varianter. Praktiskt taget varje ekonomisk doktrin har sin representant i denna sal - marhaenismen, socialismen, kapitalismen, kommunismen, i alla flerfaldiga variationer och kombinationer.

Men vad är det för fel med mångfald när det finns önskan om enhet? Denna konferens hålls inte för att vi ska motarbeta varandra, det är en broderskapets konferens. Det är inte en islamisk konferens, inte heller en kristen konferens, inte heller en buddhistisk konferens. Det är inte ett möte mellan malajer, inte heller ett möte mellan araber, inte heller ett möte mellan indoariska raser. Det är inte heller en exklusiv klubb, inte ett block som försöker motsätta sig andra block. Det är snarare en samling upplysta, toleranta åsikter som försöker inpränta i världen att alla människor och alla länder har sin plats under solen - att inpränta i världen att det är möjligt att leva tillsammans, mötas, tala med varandra, utan att förlora sin individuella identitet, och ändå bidra till den allmänna förståelsen för frågor av gemensamt intresse och utveckla en äkta medvetenhet om det ömsesidiga beroendet mellan människor och nationer, för deras välbefinnande och överlevnad på jorden.

Jag vet att det i Asien och Afrika finns en större mångfald av religioner och trosuppfattningar än på andra kontinenter i världen. Men det är bara naturligt! Asien och Afrika är de klassiska födelseplatserna för religioner och idéer som har spridit sig över hela världen. Därför är det vår plikt att se till att den princip som vanligtvis kallas "Lev och låta leva" – observera, jag inte nämner liberalismens föråldrade princip "laissez faire, laissez passer" - först och främst tillämpas av oss fullt ut inom våra egna gränser i Asien och Afrika. Först då kan den utvidgas till att omfatta relationerna med våra grannländer och andra mer avlägsna länder.

Religionen har en mycket framträdande roll, särskilt i denna del av världen. Det finns kanske fler religioner här än i övriga världen. Men, återigen, våra länder var religionernas vagga. Måste vi splittras av mångfalden i vårt religiösa liv? Det är sant att varje religion har sin egen historia, sin egen individuella särprägel, sitt eget "raison d'être", sin speciella stolthet över sin egen tro, sin egen mission, sina speciella sanningar som den vill sprida.

Men om vi inte inser att alla stora religioner är eniga i sitt budskap om tolerans och bestämt hävdar principen "Lev och låt leva", om inte anhängarna av varje religion är beredda att visa samma hänsyn till andras rättigheter överallt, om inte varje stat fullgör sin plikt att säkerställa att samma rättigheter ges till anhängare av alla trosriktningar – om inte dessa saker görs, förvanskas religionen och dess verkliga andemening förvrängs. Om inte de asiatiska och afrikanska länderna inser sitt ansvar i denna fråga och gemensamt vidtar åtgärder för att uppfylla det, kommer den starka religiösa övertygelsen, som borde vara en källa till enighet och ett skydd mot utländsk inblandning, i stället att orsaka splittring och kan leda till att den mödosamt vunna friheten, som stora delar av Asien och Afrika har uppnått genom att agera tillsammans, går förlorad.

Systrar och bröder, Indonesien är Asien och Afrika i miniatyr. Det är ett land med många religioner och trosuppfattningar. I Indonesien har vi muslimer, vi har kristna, vi har shivabuddhister, vi har folk med olika trosbekännelser. Dessutom har vi många etniska grupper, såsom acheneser, bataker, centralsumatrans, sundaneser, centraljavaneser, madures, toradjas, balineser, etcetera. Men tack och lov har vi en vilja till enighet. Vi har vår Pancha Sila. Vi praktiserar principen "Lev och låt leva", vi är toleranta mot varandra. Bhinneka Tunggal Ika - enhet i mångfald - är den indonesiska statens motto. Vi är en nation.

Så låt denna asiatisk-afrikanska konferens bli en stor framgång! Gör principen "Lev och låt leva" och mottot "Enhet i mångfald" till den enande kraft som för oss alla samman - att i vänliga och ohämmade diskussioner söka vägar och medel så att var och en av oss kan leva sitt eget liv och låta andra leva sina liv som de själva önskar i harmoni och i fred.

Om vi lyckas får detta stor betydelse för människors frihet, oberoende och välfärd över hela världen så att förståelse och samarbete återupprättas. Att denna konferens blir en framgång bevisas redan av att ni alla är här i dag. Det är upp till oss att ge den styrka och kraften att inspirera och att sprida dess budskap över hela världen.

Ett misslyckande skulle innebära att förståelsens ljus, som grytt i öster – ett ljus som är gemensamt för alla de stora religioner som fötts här – återigen har fördunklats av ett hotfullt moln redan innan människan kunnat dra nytta av dess värmande strålglans.

Men låt oss vara hoppfulla och fyllas av tillförsikt. Vi har så mycket gemensamt.

I stort sett är alla som har samlats här i dag är grannar. Nästan alla av oss är sammanbundna av gemensamma erfarenheter, erfarenheter av kolonialism. Många av oss har en gemensam religion. Många av oss har gemensamma kulturella rötter. Många av oss, de så kallade "underutvecklade" nationerna, har mer eller mindre likartade ekonomiska problem, så var och en kan dra nytta av varandras erfarenheter och hjälp. Jag tror att jag kan säga att vi alla håller idealen om nationellt oberoende och frihet kära. Ja, vi har så mycket gemensamt. Och ändå vet vi så lite om varandra.

Om denna konferens lyckas få de folk i öster, vars representanter är samlade här, att förstå varandra lite mer, uppskatta varandra lite mer, sympatisera med varandras problem lite mer – i så fall kommer denna konferens naturligtvis varit värd besväret, vad den än i övrigt må åstadkomma. Men jag hoppas att denna konferens kommer att ge mer än bara förståelse och goodwill - jag hoppas att den kommer att vederlägga och motbevisa uttalandet från en diplomat från ett fjärran land: "Vi kommer att förvandla denna asiatisk-afrikanska konferens till en tebjudning på eftermiddagen". Jag hoppas att den kommer att visa att vi asiatiska och afrikanska ledare förstår att Asien och Afrika bara kan blomstra när de är enade, och att säkerheten i världen i stort inte kan garanteras utan ett enat Asien och Afrika. Jag hoppas att denna konferens kommer att ge mänskligheten vägledning, att den kommer att peka ut den väg mänskligheten måste välja för att uppnå säkerhet och fred. Jag hoppas att den bevisar att Asien och Afrika har pånyttfötts, ja, att ett Nytt Asien och ett Nytt Afrika har fötts!

Vår uppgift är först och främst att söka förståelse för varandra, ur den förståelsen föds en större uppskattning av varandra, ur den uppskattningen föds kollektiv handling. Tänk på vad en av Asiens största söner sa: "Det är lätt att tala. Att agera är svårt. Att förstå är svårast. När man väl förstår är det lätt att agera".

Jag har nått slutet av talet. Må era överläggningar under Guds ledning bli fruktbara och må er visdom sprida ljus över dagens situation.

Låt oss inte vara bittra över det förflutna, utan låt oss hålla blicken stadigt riktad mot framtiden. Låt oss komma ihåg att ingen Guds välsignelse är lika ljuv som livet och friheten. Låt oss komma ihåg att hela mänskligheten krymper så länge nationer eller delar av nationer fortfarande är ofria. Låt oss komma ihåg att människans högsta syfte är att befria människan från rädslans bojor, bojor av mänsklig förnedring, bojor av fattigdom - människans befrielse från de fysiska, andliga och intellektuella bojor som alltför länge har hämmat utvecklingen för flertalet av mänskligheten.

Låt oss komma ihåg, systrar och bröder, att i allt detta måste vi asiater och afrikaner vara förenade.

Som president i Republiken Indonesien, och på uppdrag av Indonesiens åttio miljoner invånare, hälsar jag er välkomna.

Jag förklarar den asiatisk-afrikanska konferensen öppnad. Jag ber att Guds välsignelse må vila över den, och att diskussionerna må vara till nytta för folken i Asien och Afrika och folken i alla nationer!

Bismillah!

Lycka till!

Uttalande från ANC och SAIC i Bandung

Pressmeddelande från ANC (African national congress) och SAIC (South African Indian congress) den 16 april 1955 i Bandung publicerat i nummer 7 av konferensbulletinen.[42]

 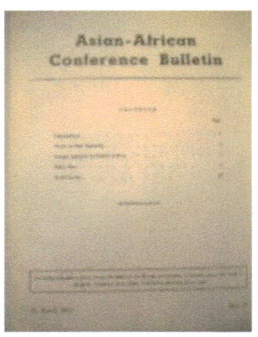

Asian-African conference bulletin, nr 7 1955.

PRESSMEDDELANDE FRÅN AFRICAN NATIONAL CONGRESS OCH SOUTH AFRICAN INDIAN CONGRESS

På mindre än sju år under Malan-Strijdomregimen[43] är Sydafrika i dag praktiskt taget en polisstat med slavliknande förhållanden. Den traditionella politiken som går ut på att förneka icke-vita politiska rättigheter, införa ekonomiska hinder och inskränkningar i den fria rörligheten, social segregation och diskriminering av icke-vita, har hänsynslöst och skamlöst intensifierats i apartheids namn. Idag råder politisk kontroll och styrning av den icke-vita befolkningen, ekonomisk aktivitet kvävs och de icke-vitas egendom exproprieras. Detta görs i strid med FN:s resolutioner och uttalanden.

Denna politik sätter rasrelationerna i Sydafrika på ett mycket farligt prov. Den skapar en anti-vit känsla bland de icke-vita. Även om

---

[42] https://bandung60.files.wordpress.com/2015/04/bandung-bulletin-7-2.pdf

[43] Daniel Malan och Johannes Strijdom var premiärministrar i apartheidregimen mellan 1948-1958.

det kan förefalla lugnt och fredligt för närvarande, är vårt folk djupt sårat i själen. De är förbittrade och nedstämda. En dag leder detta till fruktansvärda och chockerande anti-vita upplopp och explosioner, vars like aldrig tidigare skådats i Sydafrika. Kanske var det som inträffade i Port Elizabeth och East London i slutet av 1952, när oskyldiga vita dödades av afrikaner, en liten föraning av hur framtiden kan komma att te sig.

Inget folk på jorden, hur lojalt och laglydigt det än må vara, eller hur skrämt och kuvat det än må vara, kan uthärda en sådan fullständigt hänsynslös och skamlös politik och flagranta orättvisor i längden.

Medan de vita i Sydafrika har fullständiga medborgerliga rättigheter och njuter av det välstånd, de rikedomar och de bekvämligheter som landet kan erbjuda, så saknar de icke-vita alla rättigheter. De förvägras rätten att delta i val av den regering som styr dem och de har inget att säga till om när det gäller landets angelägenheter och administration. De beskattas utan att ha rösträtt och de förvägras rörelsefrihet, mötesfrihet, yttrandefrihet och organisationsfrihet. De är ekonomiskt förtryckta och exploaterade, de får inte bedriva handel, inte bosätta sig, inte handla eller äga mark var de vill. Enligt lagen Group Areas Act förlorar de sina egendomar, företag, institutioner och gudstjänstlokaler. De utestängs från offentlig förvaltning och kvalificerade yrken inom industri, handel och kommers. De behandlas styvmoderligt när det gäller utbildning och samhällstjänster, de diskrimineras socialt, och förolämpas och förödmjukas dagligen.

Dessutom har afrikanerna, som utgör 67,5 procent av den totala befolkningen, tilldelats 13 procent av marken. De vita som endast utgör 20,9 procent av befolkningen har tilldelat sig själva 87 procent av landets bästa mark, som är rik på mineraler, är bördig och med god tillgång till vatten. De får usla löner, är berövade möjlighet till utbildning, är förbjudna til träde till städerna och är utsatta för förödmjukande pass-, tillstånds- och alkohollagar som ledde till att 739 400 afrikaner dömdes och straffades 1952.

Om det skulle inträffa anti-vita explosioner i Sydafrika faller ansvaret på regeringen. Men även om regeringen i Sydafrika blir ansvarig för eventuella raskatastrofer i framtiden, skulle det vara brottsligt av oss – av alla demokratiskt sinnade människor i Sydafrika och, till viss del, även av de civiliserade och frihetsälskande folken i världen – att tillåta att situationen i Sydafrika försämras ytterligare. Det är därför absolut nödvändigt att alla goda människor gör allt som står i deras makt för att minska spänningarna mellan raserna i Sydafrika. Vi kan inte tillåta att alla icke-vita för evigt kommer att uppfatta vita människor som sina motståndare.

Det som händer i Sydafrika är inte bara det sydafrikanska folkets angelägenhet, utan också en angelägenhet för folken i resten av världen. De icke-vitas lidanden är en utmaning för alla civiliserade folk i världen. Alla som är fria och älskar frihet kan inte stillatigande och passivt se på när en grov orättvisa begås mot ett folk på grund av dess ras och hudfärg.

Något måste göras åt de osunda mänskliga relationerna och den orättvisa behandlingen av icke-vita människor i Sydafrika innan det är för sent.

Vi har därför kommit till denna historiska och inspirerande konferens för de fria och icke-rasistiska nationerna i Asien och Afrika med detta huvudsakliga syfte: vi vädjar om att använda ert internationella inflytande för att övertyga andra civiliserade och frihetsälskande nationerna i världen att utöva påtryckningar på Sydafrikas unionsregering för att överge den orättvisa och ödesdigra apartheidpolitiken och rasdiskrimineringen.

Vi är övertygade och förvissade om att Sydafrikas regering kan tvingas att ompröva sin reaktionära och inhumana politik om alla nationer som inte tillåter rasförtryck och diskriminering, särskilt regeringarna i USA och Storbritannien, skulle inta en modig och bestämd hållning mot sådana handlingar.

USA och Storbritannien är skyldiga mänskligheten att säkerställa att rättvis och opartisk behandling tillämpas i alla länder inom deras inflytelsesfär.

A. Cachalia och Moses Kotane
Bandung den 16 april 1955

Deklaration från de alliansfria staternas konferens i Belgrad 1961

Konferensen i Belgrad 1–6 september 1961 samlade stats- och regeringschefer för dessa icke-allierade länder: Afghanistan, Algeriet, Burma, Kambodja, Ceylon, Kongo, Kuba, Cypern, Etiopien, Ghana, Guinea, Indien, Indonesien, Irak, Libanon, Mali, Marocko, Nepal, Saudiarabien, Somalia, Sudan, Tunisien, Förenade Arabemiraten, Jemen och värdlandet Jugoslavien. Bolivia, Brasilien och Ecuador var företrädda av observatörer.

Här följer ett utdrag ur den tredje sektionen i deklarationen av stats- och regeringscheferna i de alliansfria länderna (Belgraddeklarationen).[44]

1. Konferensens deltagare bekräftar högtidligt sitt stöd för Deklarationen om beviljande av självständighet till koloniala länder och folk, som antogs vid FN:s generalförsamlings 15:e session[45], och rekommenderar det omedelbara, ovillkorliga, fullständiga och slutgiltiga avskaffandet av kolonialismen. De beslutar att göra en samordnad insats för att sätta stopp för nykolonialism och imperialistiskt herravälde i alla dess former och uttryck.

2. Konferensens deltagare kräver att väpnade aktioner och repressiva åtgärder av alla slag mot frihetsberättigade folk omedelbart upphör så att de fredligt och fritt kan utöva sin rätt till fullständigt oberoende och att deras nationella territoriums integritet respekteras. Varje stöd som ges till förtryck som utövas av en kolonialmakt strider mot Förenta nationernas stadga. De deltagande länderna, som samvetsgrant respekterar alla staters territoriella integritet, motsätter sig med alla medel varje försök att annektera andra nationer.

---

[44] Jack Homer. Belgrade: The Conference of the Non-Aligned states, 1961. New York, National committee for a sane nuclear policy.
[45] September 1960.

92

3. De deltagande länderna anser att det algeriska folkets kamp för frihet, självbestämmande och oberoende och för sitt nationella territoriums integritet, inklusive Sahara, är rättvis och nödvändig och är därför fast beslutna att ge Algeriets folk allt tänkbart stöd och bistånd. Stats- och regeringscheferna är särskilt tillfreds med att Algeriet vid denna konferens företräds av sin rättmätige representant, premiärministern i Algeriets provisoriska regering.

4. De deltagande länderna uppmärksammar med stor oro utvecklingen i Angola och de outhärdliga repressiva åtgärder som de portugisiska kolonialmyndgheterna vidtar mot Angolas folk och kräver ett omedelbart stopp för all ytterligare blodsutgjutelse, och att folket i Angola skall stödjas av alla fredsälskande länder, särskilt medlemsstater i Förenta nationerna, för att utan dröjsmål upprätta sin fria och självständiga stat.

5. Konferensdeltagarna kräver ett omedelbart upphörande av all kolonial ockupation och återupprättande av den territoriella integriteten för de rättmätiga folken i länder som kränkts i Asien, Afrika och Latinamerika samt tillbakadragande av utländska styrkor från deras nationella territorier.

6. De deltagande länderna kräver en omedelbar evakuering av de franska väpnade styrkorna från hela det tunisiska territoriet i enlighet med Tunisiens legitima rätt att utöva sin fulla nationella suveränitet.

7. De deltagande länderna kräver att de tragiska händelserna i Kongo inte upprepas, att det är världssamfundets skyldighet att göra allt som står i dess makt för att eliminera följderna och förhindra ytterligare utländsk inblandning i denna unga afrikanska stat, och möjliggöra för Demokratiska republiken Kongo att fritt påbörja sin självständiga utveckling byggd på respekt för suveränitet, enhet och territoriell integritet.

8. Konferensdeltagarna fördömer med bestämdhet den apartheidpolitik som tillämpas av Sydafrikanska unionen och kräver att

denna politik omedelbart upphör. De hävdar vidare att rasdiskriminering varhelst i världen utgör en allvarlig kränkning av FN-stadgan och den Allmänna förklaringen om de mänskliga rättigheterna.

9. De deltagande länderna förklarar högtidligt att de ovillkorligt respekterar etniska eller religiösa minoriteters rätt till skydd, särskilt mot folkmord eller andra kränkningar av grundläggande mänskliga rättigheter.

10. Konferensensdeltagarna fördömer den imperialistiska politik som förs i Mellanöstern och förklarar sitt stöd för ett fullständigt återupprättande av alla rättigheter för det arabiska folket i Palestina i överensstämmelse med Förenta nationernas stadga och resolutioner.

11. De deltagande länderna anser att etableringen och upprätthållandet av utländska militärbaser på andra länders territorier, särskilt mot deras uttryckliga vilja, utgör ett grovt brott mot dessa staters suveränitet. De förklarar sitt fulla stöd till länder som strävar efter att säkerställa att dessa baser avvecklas. De uppmanar de länder som har utländska baser att allvarligt överväga att avskaffa dem som ett bidrag till världsfreden.

12. De bekräftar också att den nordamerikanska militärbasen i Guantánamo på Kuba, som den kubanska regeringen och det kubanska folket har motsatt sig, påverkar landets suveränitet och territoriella integritet.

13. Konferensdeltagarna bekräftar på nytt sin övertygelse att:
a) Alla nationer har rätt till enhet, självbestämmande och oavhängighet, en rätt som innebär att kunna bestämma sin politiska status och fritt sträva efter fortsatt ekonomisk, social och kulturell utveckling utan hot eller hinder.
b) Alla folk ska för sina egna behov fritt förfoga över sina naturrikedomar och naturtillgångar utan att det påverkar de förpliktelser som följer av internationellt ekonomiskt samarbete, grundat på principen om ömsesidig nytta och internationell rätt. Under inga

omständigheter får ett folk berövas sina egna livsförnödenheter. De deltagande länderna anser att Kubas liksom alla andra nationers rätt att fritt välja sina politiska och sociala system i enlighet med sina egna förutsättningar, behov och möjligheter bör respekteras.

14. De deltagande länderna uttrycker sin beslutsamhet att inga hot, inblandning eller ingripanden skall förekomma i folkens utövande av självbestämmanderätten, inbegripet rätten att bedriva en konstruktiv och oberoende politik för att uppnå och bevara sin suveränitet.

15. Konferensens deltagare anser att nedrustning är ett absolut behov och mänsklighetens mest brådskande uppgift. En radikal lösning på detta problem, som i dagens läge med omfattande upprustning har blivit en akut nödvändighet, kan enligt de deltagande ländernas eniga uppfattning endast uppnås genom en allmän, fullständig och strikt internationellt kontrollerad nedrustning.

16. Stats- och regeringscheferna påpekar att en allmän och fullständig nedrustning ska innefatta avskaffande av väpnade styrkor, krigsmateriel, utländska baser, vapentillverkning samt avskaffande av institutioner och anläggningar för militär utbildning, med undantag för inre säkerhet, samt ett totalt förbud mot produktion, innehav och användning av nukleära och termonukleära vapen, bakteriologiska och kemiska vapen samt eliminering av utrustning och anläggningar för leverans, placering och operativ användning av massförstörelsevapen på nationella territorier.

17. De deltagande länderna uppmanar alla stater i allmänhet, och stater som för närvarande utforskar yttre rymden i synnerhet, att förbinda sig att använda den yttre rymden uteslutande för fredliga ändamål. De uttrycker en förhoppning om att det internationella samfundet genom gemensamma åtgärder kommer att inrätta ett internationellt organ i syfte att främja och samordna mänskliga insatser om internationellt samarbete för fredlig användning av yttre rymden.

18. Konferensens deltagare uppmanar stormakterna att utan ytterligare dröjsmål underteckna ett fördrag om allmän och fullständig nedrustning för att rädda mänskligheten från krigets gissel och att frigöra energi och resurser som nu används för krigsmateriel till att användas för fredlig ekonomisk och social utveckling för hela mänskligheten. De deltagande länderna anser också att:
a) De alliansfria nationerna bör vara företrädda vid alla framtida världskonferenser om nedrustning.
b) Alla diskussioner om nedrustning bör föras under FN:s beskydd.
c) En allmän och fullständig nedrustning bör garanteras genom ett effektivt system för inspektion och kontroll, i vars arbetsgrupper alliansfria nationer bör ingå.

19. Deltagarna i konferensen anser att det är av största vikt att ett avtal om förbud mot alla kärntekniska och termonukleära prov snarast ingås. Med detta mål i sikte är det nödvändigt att förhandlingarna omedelbart återupptas, separat eller som en del av förhandlingarna om allmän nedrustning. Under tiden bör moratoriet för alla kärnvapenprov återupptas och iakttas av alla länder.

20. Konferensensens deltagare rekommenderar att Förenta nationernas generalförsamling vid sitt kommande möte beslutar om sammankallande av antingen en särskild session i FN:s generalförsamling för diskussion om nedrustning eller en världskonferens om nedrustning under Förenta nationernas beskydd i syfte att inleda processen för allmän nedrustning.

21. Konferensdeltagarna anser att ansträngningar behövs för att undanröja den ekonomiska obalans som är ett arv från kolonialism och imperialism. De anser det nödvändigt att minska den ständigt växande klyftan i levnadsstandarden mellan de få ekonomiskt avancerade länderna och de ekonomiskt mindre utvecklade länderna genom en påskyndad utveckling av ekonomi, industri och jordbruk. Deltagarna rekommenderar att en FN-fond för kapitalutveckling inrättas omedelbart och tas i bruk. Deltagarna är vidare överens om

att kräva rättvisa handelsvillkor för de ekonomiskt mindre utvecklade länderna och, i synnerhet, konstruktiva åtgärder för att undanröja de alltför stora fluktuationerna i handeln med råvaror och de restriktioner som inverkar negativt på de nya utvecklingsländernas handel och inkomster. I allmänhet kräver de att frukterna av den vetenskapliga och tekniska revolutionen ska tillämpas inom alla områden av ekonomisk aktivitet för att påskynda internationell social rättvisa.

22. De deltagande länderna uppmanar alla utvecklingsländer till ett effektivt samarbete inom ekonomi och handel för att motstå påtryckningar och negativa konsekvenser till följd av industriländernas ekonomiska blockbildningar. De uppmanar alla berörda länder att överväga att sammankalla en internationell konferens så snart som möjligt för att diskutera sina gemensamma problem och att enas om att undanröja alla hinder för deras utveckling, och för att diskutera och enas om beslutsamma åtgärder för att säkerställa ekonomisk och social utveckling.

23. De länder som deltar i konferensen förklarar att mottagarländerna måste vara fria att själva bestämma hur de vill använda det ekonomiska och tekniska bistånd som de får, att utarbeta sina egna planer och fastställa prioriteringar i enlighet med sina behov.

24. De deltagande länderna anser det avgörande att Förenta nationernas generalförsamling genom en revision av stadgan finner en lösning på frågan om att utöka medlemsantalet i Säkerhetsrådet och Ekonomiska och sociala rådet. Detta för att anpassa sammansättningen och arbetet i generalförsamlingens två viktigaste organ till organisationens behov och till det växande antalet medlemmar i Förenta nationerna.

25. Världsorganisationens enhet och säkerställandet av en effektiv verksamhet gör det absolut nödvändigt att utveckla en mer lämplig struktur för Förenta nationernas sekretariat, med beaktande av en rättvis regional fördelning.

97

26. De länder som deltar i konferensen och som erkänner Folkrepubliken Kinas regering rekommenderar att generalförsamlingen vid sin kommande session bör acceptera företrädarna för Folkrepubliken Kinas regering som de enda legitima representanterna för detta land i Förenta nationerna.

27. De länder som deltar i konferensen anser att den tyska frågan inte enbart är en regional fråga, utan den kan också potentiellt påverka framtida internationella relationer. De deltagande länderna, som är oroliga över utvecklingen som lett till en akut försämring av den nuvarande situationen i Tyskland och Berlin, uppmanar alla berörda parter att avstå från att använda eller hota med våld för att lösa den tyska frågan eller frågan om Berlin i enlighet med uppmaningen från stats- eller regeringscheferna den 6 september 1961.

Solidaritet utan gränser
- tal av Olof Palme, 1965

Utdrag ur Olof Palmes anförande vid Broderskapsrörelsens kongress i Gävle den 30 juli 1965.

Det som ger sommaren 1965 dess prägel är inte semestern och regnet och vädret och våra egna problem utan det är den allt starkare spänningen ute i världen. Det är intrycken av mänskligt lidande och förödande konflikter som genom nyhetsmedia obönhörligen tränger sig på oss och inte kan underlåta att engagera tankar och känslor, farhågor och förhoppningar. Just därför blir också kontrasten desto mera skärande och desto mera brutal med världen omkring våra gränser.

Intrycken och impulserna av situationen i världen är många. De skiftar snabbt som mönstren i ett kalejdoskop. De ter sig kanske mångtydiga och förvirrade, bland annat därför att vi möter situationen på så att säga olika plan, och med olika reaktioner.

Vi möter den i enskilda människoöden på ett förfärande enkelt sätt. Vi ser bilder av plåga och tortyr, av stympade barn, lemlästade människor. Vi hör nyheter om terrordåd och repressalier som skoningslöst och utan spår av urskiljning drabbat enskilda, familjer, bygemenskaper. Vår reaktion är medkänsla inför offren, en känslans upprördhet inför ett meningslöst lidande. Ty förbrytelsen blir alltid en förbrytelse, och terrorn förblir alltid terror, även om den utförs i namnet av höga mål och principer, även om man söker legitimation i ett historiskt betingat framåtskridande eller i försvaret mot någonting som ter sig ännu mera avskyvärt.

Vi möter också den internationella situationen som en allt starkare strävan efter nationell och social frigörelse. Folk som under århundraden levat under främmande herravälde och förtryck begär sin frihet. De begär att få ett eget land. För oss har nationalismen blivit ganska avsvalnad - något som i bästa fall betyder en naturlig samhörighetskänsla inom ett folk, i värsta fall en trångsynt isolering

99

och oförmåga till inlevelse i andra människors förhållanden. Men i Asien och Afrika är nationalismen en sprängkraft av oerhörd styrka.

Den har under de senaste decennierna gått fram som en stormvåg, ofta under kamp och konflikt med gamla makthavare, ofta under hänsynslösa offer i mänskligt lidande, stundom med metoder inför vilka vi står främmande. Men alltid till slut segrande, därför att drivkraften och viljan varit så stark. Den drivkraften är mycket mer än uteslutande en hänförelse för nationen. För dessa folk betyder nationalismen jämlikhet. Den hämtar kraft ur den gamla idén om människans lika värde oavsett ras och hudfärg. Och den står alltid i förening med drömmen om en dräglig tillvaro. Eländet och fattigdomen i Asiens och Afrikas länder är fruktansvärd. Förbättringarna är ytterligt små. Det finns tvärtom åtskilliga tecken som tyder på att svälten och fattigdomen blir allt större. Så har det varit länge.

Men en sak har dessa folk nu lärt sig: Fattigdomen är inte ödesbestämd. Den är inte påtvingad dem av en obeveklig högre försyn eller av obönhörliga jordiska lagar. Fattigdomen är en orättfärdighet som har samband med samhällets sociala och ekonomiska struktur, med formerna för människors samlevnad, med förmågan att utnyttja naturens tillgångar och människans arbetskraft. De kräver därför inte endast ett erkännande av sitt människovärde. De kräver ett människovärdigt liv.

Därför är kampen för nationell frihet oupplösligen förbunden med strävan till social och ekonomisk frigörelse.

Denna strävan efter frigörelse sätter sin prägel på världen av i dag. Vi lever mitt uppe i den. Den har gått framåt i allt snabbare tempo. Vi måste lära oss att leva med den och kanske också för den.

Ty mycket av detta bör vi känna igen. Det vi möter ute i världen är i stort sett den franska revolutionens gamla paroller om frihet och jämlikhet och broderskap. Det vi bevittnar är en folkens resning mot de privilegierade grupperna. Det vi lyssnar till är samma krav på frihet och jämlikhet för de stora massorna av befolkningen som en gång tände hoppet och stimulerade framtidstron hos den

100

framväxande arbetarrörelsen i Europas länder. Skillnaden är att kraven i dag åtminstone delvis riktas mot oss. Den demokratiska socialismens grundläggande moraliska värderingar förpliktar oss i varje fall att stå på de förtrycktas sida mot förtryckarna, på de eländigas och fattigas sida mot deras utsugare och herrar.

Men vi möter situationen i världen även på ett tredje plan – i kapprustningen med allt mera fruktansvärda förstörelsemedel, i terrorbalansen mellan de ledande stormakterna. Överallt i världen stöter stormakternas intressen mot varandra, utlöses i konflikter och motsättningar, i strävan att vinna vänner och inflytande, i att utnyttja lokala motsättningar till egen fördel. Men det finns en vetskap som alltid håller dem tillbaka, nämligen medvetandet om den egna och därmed också motståndarens styrka. Statsledningarna i stormakterna vet, och vi vet alla, att ett storkrig i vätevapnens tid betyder förödelse och förintelse. Det är en vetskap som skapar fruktan och som manar till försiktighet.

Man har i fredsarbetet försökt undanröja de bakomliggande orsakerna till konflikterna mellan stormakterna - hittills i stort sett fruktlöst. Man har försökt dämpa oroshärdar i olika hörn av världen för att undvika att de utlöser en stor konflikt - stundom med viss framgång, ofta under Förenta nationernas aktiva medverkan. Man har i avsaknad av nedrustning i varje fall sökt hejda kapprustningen. Provstoppsavtalet är ett exempel på begränsad framgång. Försöken vid nedrustningsförhandlingarna att hejda spridningen av kärnvapen, att frysa existerande kärnvapenlager, att skapa atomfria zoner etcetera är ett annat exempel. Man har försökt skapa säkerhetsventiler mot ett krig genom o ycksfall eller missförstånd. "Den heta linjen" mellan Moskva och Washington står ju som en symbol för människornas oförmåga att leva förnuftigt tillsammans, men är samtidigt ett uttryck för deras insikt om att de måste leva tillsammans.

Hela tiden står de ledande stormakterna i fokus. De agerar nästan alltid med yttersta försiktighet. De rör sig som två stora katter kring varandra - i medvetande om dödlig fara, i ömsesidig misstro

101

och fruktan. Samtidigt drivs de till handling av ideologiska drivkrafter och strategiska mål, av nationella intressen och ambitioner, av omsorgen om nationell ära och prestige. Vi vill gärna tro, att deras handlingar är överlagda. Men vi fruktar att de kan visa sig överilade.

Ty ingen vet med säkerhet var den gräns ligger, där försiktighet förbyts i desperat handling, där känslan tar överhand över förnuftet eller där det tillfälliga missförståndet eller pressen på nervsystemet utlöser aktioner från vilka ingen återvändo är möjlig. Vår reaktion inför terrorbalansens värld är klar och entydig: Freden måste värnas. Ingen väg får lämnas oprövad att på förhandlingens väg nå fram till fredliga överenskommelser. Nationerna har ett gemensamt ansvar att nå fram till konstruktiva lösningar på världsproblemen. Våra röster klingar av maningar om lugn, eftertänksamhet, besinning. Det ligger i fredsarbetets natur att hålla fast vid ett läge som man kan överblicka, att frukta en förändring som måste betyda konflikt, att värna ett bestående som ter sig liktydigt med fred.

Häri ligger en motsättning i dagens värld, som inte går att skymma undan. Vi kan till exempel frysa den existerande situationen på kärnvapenområdet. Det ter sig i dagens läge som ett stort och konstruktivt mål för förhandlingarna på nedrustningsområdet. Men vi kan inte frysa den sociala och ekonomiska utvecklingen i världen. Den går vidare med obönhörlig kraft. Att söka hejda den blir på sikt ett ännu starkare hot mot fredlig samlevnad mellannationerna.

Den frigörelseprocess vi bevittnar har rötter i det förgångna. De gamla kolonialmakterna och västerlandets industriländer över huvud har ett syndaregister i Asiens och Afrikas länder som sträcker sig långt tillbaka i tiden. Med den industriella revolutionen började liberalismens frihetsidéer få genomslagskraft i Europas länder. Men samma industriella revolution drev fram en territoriell expansion i kolonierna för att nå råvarorna med förtryck och förföljelse i släptåg. Så uppstod en situation av skärande hyckleri och dubbelspel. Samtidigt som man förkunnade frihetsidéer för det egna landets medborgare drevs man i de främmande länder där man hade makt över människorna till ett allt hårdare förtryck. En engelsk drottning kunde högtidligt förklara att "all politisk makt som utövas över människor bör utövas till deras förmån" i samma stund som hennes guvernörer och paradregementen i Indien med brutalt övervåld slog ned ett försök från indiernas sida att hävda sina förmåner och rättigheter.

Denna kontrast mellan honnörsord och social och politisk verklighet har utgjort en ständig belastning för de gamla härskarnationerna. Vi kan återfinna den än i dag. Dock bör vi inte underskatta honnörsordens och ska vi säga hyckleriets betydelse. Ty det har alltid funnits människor i kolonierna som tagit de höga principerna på allvar och krävt att de ska förverkligas enligt bokstaven. Det har gett dem ett moraliskt övertag. Och det har alltid funnits människor i industriländerna som upplevt hyckleriet som en närmast outhärdlig belastning för samvetet, och känt sig förpliktade att säga ifrån, bilda en opinion och skapa underlaget för handling. Det står utom tvekan att utan denna opinion hade den avveckling av gamla kolonialvälden som redan skett varit förenad med mycket större svårigheter och måhända betydligt mera ödesdigra konsekvenser.

Så torde kanske erfarenheten och värderingarna i förening ha lett fram till vissa enkla satser.

Det är en illusion att tro att man kan möta krav på social rättvisa med våld och militära maktmedel. Det är ytterligt svårt att vinna människors engagemang med löften om att försvara en frihet som de i verkligheten aldrig fått uppleva. Det leder lätt till frågan: Varför fick vi ej friheten när den ännu ej behövde försvaras? Det är inte lätt att hota med ett främmande herravälde som i den praktiska verkligheten mest tycks representeras av det egna landets medborgare, som dessutom bär med sig löften om hjälp och rättvisa. Det är föga välbetänkt att, i en tid av social omvälvning, söka vänner bland dem som främst har sina privilegier att mista. Den som är vän med privilegier, framstår lätt som rättfärdighetens fiende. Det är inte lätt att förmå människor att ge avkall på vad de upplever som rättfärdiga krav därför att deras problem råkat komma i den strategiska brännpunkten i en stormaktskonflikt.

Att förena fred och frigörelse är ett stort dilemma i dagens värld. Den uppgiften löser man inte med enkla slagord eller med spelteoretiska övningar under objektivitetens täckmantel. Det krävs förnuft men också moraliska värderingar som grund för handlandet.

Som nästan alltid i akuta situationer söker man en lösning i förhoppningen om förhandlingar och i det bräckliga stöd som en internationell rättsordning ger. Förhandlingar är ett slitet ord. Kanske därför att de så ofta misslyckats.

Kanske därför att de stundom använts som en fasad för att befästa det bestående eller för en respit inför det oundvikliga. Vi känner också den mur av procedur och prestige som omger varje konferensbord innan samtalen kan börja. Men samtidigt har vi lärt oss i en värld där total seger eller totalt nederlag blivit en absurditet - att förhandlingen är vårt hopp om en väg till fred. Vi har också av erfarenhet lärt oss att det kan bli en förhandling till förändring. Erfarenheten visar att en förhandling sällan löser alla problem. Den blir framför allt en startpunkt, där utvecklingen själv därefter får staka vägen mot framtiden.

Jag vet inte om bönderna i Vietnams byar - för det är ju om Vietnam som jag mest har talat - har några utopier, några drömmar om framtiden. De intryck man får förmedlar en känsla av hopplöshet och resignation, av förvirring och förtvivlan över en maktpolitisk kamp som går ut över deras livsbetingelser. Drömmer de om framtiden, sker det förmodligen i enkla kategorier: en tillvaro i fred, utan svält och där deras människovärde respekteras. För dem ter sig den utopin sannolikt overklig och avlägsen.

För oss verkar den beskedlig och självklar. Det ger också en bild av kontrasterna i dagens värld. Men bryter man den geografiska måttstocken till ett tidsperspektiv blir bilden ganska lika. Det var väsentligen en utopi av samma slag som utgjorde drivkraften för arbetarrörelsens pionjärer. De drömde om ett samhälle som kunde ge människovärde, bröd, arbete och trygghet. Den framtidsvisionen gav handlingskraft och framtidstro även om den tedde sig avlägsen och overklig. I dag ter den sig också nog så beskedlig och självklar. Ty väsentligen har just gårdagens utopier blivit dagens verklighet.

De inbrända skuggorna i Hiroshima
- tal av Olof Palme, 1985

Utdrag ur Olof Palmes anförande i Storkyrkan i Stockholm den 6 augusti 1985.

I dag samlas människor världen över i hundratusentals och miljoner för att säga nej till varje doktrin, plan eller tanke på att använda kärnvapen igen.

Alltsedan forskarna lyckades splittra atomen, och de första atombomberna sprängdes över Hiroshima och Nagasaki, har oron och rädslan inför ett kärnvapenkrig ständigt ökat.

Ruinerna i Hiroshima och Nagasaki vittnade om att utvecklingen av militär teknologi vida överskridit tröskeln för vad som kunde anses vara tillåtna verktyg för krigföring.

Förödelsen efter dessa bomber var total och de skrämmande konsekvenserna uppenbara för envar. Ändå har vi ännu ej fått en fullständig bild över skadeverkningarna på människor, djur och växter. Ingen kunde då, och inte heller kan vi i dag, förutsäga vilka lidanden framtida generationer av Hiroshimas och Nagasakis barn och barnbarn kommer att få genomleva som ett resultat av dessa kärnvapensprängningar.

På många håll i världen jublade man dessa dagar för 40 år sedan. Men Albert Camus skrev i sin tidning Combat följande rader den 8 augusti 1945:

"Vi kan sammanfatta allt i en mening. Den mekaniska civilisationen har just uppnått sin högsta grad av barbari. I en inte alltför avlägsen framtid måste man välja mellan kollektivt självmord och det intelligenta nyttjande av de vetenskapliga landvinningarna.

Under tiden är det tillåtet att tänka att det är något oanständigt i att sålunda fira en upptäckt som först och främst tjänar det mest fruktansvärda förstörelseraseri som människan någonsin i historien visat prov på. Att i en värld söndersliten av våld, oförmögen till någon som helst kontroll, likgiltig inför rättvisan eller inför människans behov av lycka, vetenskapen ägnar sig åt organiserat mördande, kan ingen förvåna sig över, såframt man inte är en förhärdad idealist."

Och i dag firar människorna i Hiroshima detta minne. De firar det i sitt museum, med stenen där man kan se skuggan av en människa som satt 242 meter från explosionen, som brändes sönder men som under en hundradels sekund med sin kropp skyddade stenen. Stadsborna kommer att tända lyktor och sända dem utmed floden, 130 000 lyktor, en för varje människa som dog, för att påminna omvärlden om att aldrig mer Hiroshima.

Under senare år har vår bild av kärnvapenkrigets konsekvenser vidgats dramatiskt. Vi inser nu att, utöver de omedelbara effekterna, ett kärnvapenkrig också kan komma att få ett helt nytt spektrum av långsiktiga konsekvenser.

Vetenskapsmän har gjort oss uppmärksamma på de stora moln av rök och damm som de många detonationerna och därav följande bränder skulle ge upphov till - i industriområden, tätorter, jordbruksområden och skogar och där det finns olje- och gasreservoarer.

Molnen skulle snabbt spridas i atmosfären och bilda en slags sköld vilken skulle komma att utestänga stora mängder solljus. Det skulle bli alldeles mörkt, i många dygn, i stora delar av världen.

En annan vetenskapsman har i en rapport om kärnvapenkrigets konsekvenser infört begreppet "nukleär vinter". En utsträckt period av mörker som ett resultat av uteblivet solljus skulle enligt rapporten förorsaka allvarliga klimatförändringar och i vissa fall sänka temperaturen till långt under fryspunkten, ibland så lågt som till - 20 C.

Dramatiska klimat- och temperaturförändringar skulle, hävdar rapporten, förorsaka våldsamma, häftiga stormar, orkaner och tyfoner. En global spridning av sot, rök och radioaktivt damm från det norra halvklotet till det södra skulle därmed troligtvis påskyndas. Effekterna av ett kärnvapenkrig mellan stormakterna skulle därigenom nå de mest avlägsna delarna av jordklotet betydligt snabbbare än vi tidigare trott.

Detta för med sig en rad nya följdverkningar för världens samtliga stater, oberoende av geografiskt läge eller politisk hemvist. Även små nationer - utan geografiska, politiska, militära eller ekonomiska bindningar till någon av supermakterna skulle få uppleva den "nukleära vintern" och därmed riskera att utplånas. Mer än någonsin tycks världens öde och framtid ligga i händerna på ett fåtal. Kärnvapenkriget är således inte en fråga bara för kärnvapenmakterna i kraft av deras exklusiva kärnvapeninnehav. Detta angår alla länder. Detta är en ödesfråga för varje människa på denna planet. Med den kunskap vi nu har om kärnvapenkrigets verkningar står det fullkomligt klart att dessa vapen är militärt oanvändbara. Även representanter för supermakterna själva har medgett att det inte går att vinna ett kärnvapenkrig. Där finns bara förlorare. Ändå fortsätter kapprustningen i oavbruten takt. Och riskerna för kärnvapenkrig ökar. För även om de, som har skaffat sig makten att besluta om vår jords och vår civilisations överlevnad, alltid skulle vara pålitliga, rationella och välbalanserade ledare med fredliga avsikter, kan vi inte blunda för möjligheterna av att ett kärnvapenkrig kan bryta ut av misstag.

Vi vet att det inte finns några perfekta tekniska system. Vi känner till över 30 olyckshändelser med amerikanska kärnvapen och åtminstone tio med sovjetiska. Det rör sig inte bara om missiler som fattar eld och exploderar, kärnvapenbärande bombplan som störtar eller u-båtar som förliser. Vid årsskiftet kom en sovjetisk missil, som tydligen användes för övningsändamål, på grund av ett tekniskt fel helt ur kurs och korsade en del av Norge innan den kraschade på finländskt territorium.

Den gången var risken för feltolkning inte stor. Ett liknande tekniskt missöde i Centraleuropa i en spänd situation skulle ha kunnat få katastrofala följder för oss alla. För med ny kärnvapenteknologi har varnings- och betänketiden blivit kortare och kortare, och är nu nere i under tio minuter i vissa fall. Fruktan att bli utslagen innan man hinner reagera kan öka trycket att slå till först. Rustningsutvecklingen har ökat misstron och osäkerheten. Avskräckningen - denna metod att hålla hela mänskligheten som gisslan - har blivit ett allt bräckligare skydd.

Det finns de som tror att nya teknologiska genombrott, nya vapensystem ska kunna lösa detta ödesproblem. Detta är en illusion. Nya vapensystem leder alltid till nya motsystem. Nya enorma resurser avleds från vitala mänskliga behov till rustningar som leder till förnyad osäkerhet. Bara genom att avskaffa kärnvapnen kan vi trygga oss mot detta hot om mänsklighetens totala utplånande.

Willy Brandt höll ett utomordentligt tal i New York i våras om sambandet mellan det som vi satsar på vapen - i storleksordningen 800 miljarder dollar om året och det som vi därmed inte kan använda till att mätta mera grundläggande mänskliga behov.

Den ansamling som pågår av alltmer destruktiva maskiner, sade Willy Brandt, dödar faktiskt människor redan nu utan att vapnen ens kommer till användning.

Ty samtidigt förbrukas ju de pengar och andra resurser utan vilka människorna döms till döden genom svält.

De miljarder dollar, sade Brandt, som världen spenderar för militära ändamål utgör i själva verket en dödsdom för miljoner mänskliga varelser.

Det är min övertygelse att säkerhet inte kan vinnas till priset av andras osäkerhet. Kampen för vår gemensamma överlevnad måste föras tillsammans med motståndaren, även om vi i övrigt representerar olika politiska system och idéer. Bara genom att söka oss fram till gemensam säkerhet kan vi ersätta hotet om gemensam förintelse med gemensam överlevnad.

Första maj 1985, tal av Olof Palme

Här återges den inledande delen av Olof Palmes tal på demonstrationen den 1 maj 1985 i Stockholm och Sundbyberg. Källa: Arbetarrörelsens arkiv och bibliotek (© Olof Palmes familj). Tidigare publicerat på webbplatsen Bevara alliansfriheten.

Mötesdeltagare!

Vår främsta uppgift är att trygga Sveriges oberoende och att värna freden.

Vårt främsta ansvar är att slå vakt om vår rätt att själva bestämma över vår framtid, att värna vår demokratiska samhällsordning. Detta ansvar förvaltas bäst genom en fast neutralitetspolitik.

I en orolig värld skall det kännas tryggt att veta att denna neutralitetspolitik kommer socialdemokratin att fullfölja med kraft, klarhet och konsekvens.

Hoten finns runt om i världen:

- En fortsatt kapprustning, med nya vapensystem på marken, i haven och nu också i rymden.

- Väpnade konflikter i Mellanöstern, i södra Afrika, i Asien, i Centralamerika.

- Fattigdom och svält i tredje världen, också det ett allvarligt hot mot freden.

Även här i vårt eget grannskap har det strategiska intresset ökat. Vi märker av de militära uppbyggnaderna i öst och i väst. Och vi har själva utsatts för en bristande respekt för vårt territorium.

Till stöd för vår neutralitetspolitik har vi ett efter våra förhållanden starkt försvar. Detta skall vi i tider som dessa inte överge. Svensk arbetarrörelse har alltid varit beredd att ta sitt ansvar för landets värn.

Men det krävs framför allt ett förtroende för vår föresats att icke ens under starkt yttre tryck lämna neutralitetspolitiken. Man måste kunna lita på vår alliansfrihet. Därför är alltid utrikespolitiken vår första försvarslinje.

Kampen för demokrati, frihet och rättvisa gäller också människor i andra länder. Detta är den internationella solidariteten. Vårt engagemang gäller viktiga principer. Men det handlar också om våra egna intressen. När vi arbetar för fred och internationell solidaritet, arbetar vi också för att trygga vår egen framtid.

Det främsta hotet mot denna framtid kommer från kärnvapnen. Dessa vapen är helt annorlunda jämfört med allt annat som vapenhistorien kunnat uppbringa. De hotar inte bara att ta död på allt och alla som nu finns och verkar runt vår jord. De kan också förinta hela vår civilisation, dagens och framtidens. De kan rasera allas vår framtid, vår egen och våra barns och barnbarns. Allt det fina som det tagit årtusenden av mänsklig möda att bygga upp, vår litteratur, vår arkitektur, alla våra traditioner och seder - allt detta riskerar att en dag helt enkelt vara borta.

Kärnvapnen hotar inte bara medborgarna i de länder som innehar sådana vapen. Också alla vi andra riskerar att förintas. Därför har också vi i de kärnvapenfria staterna rätten att säga ifrån och ställa krav på de länder som har atombomber.

Dessa krav är klara och enkla:

- Sluta med tillverkning och utplacering av alla slags kärnvapen.
- Upphör genast med a la kärnvapenprov.
- Sätt stopp för en ny kapprustning i rymden.

För oss socialdemokrater tillhör försvaret för folkrätten det allra viktigaste i umgänget mellan staterna.

Folkrättens regler är enkla och klara. Och de gäller alla:

- Man skall inte blanda sig i andra staters inre angelägenheter.
- Man skall respektera andra staters gränser och territoriella integritet. Stormakter får inte ta sig friheter mot svagare grannar.
- Man skall göra sitt yttersta för att lösa konflikter med fredliga medel.

Dessa principer är särskilt viktiga för de små staternas säkerhet. Vi måste som ett litet land alltid slå vakt om dem. De får aldrig glömmas, de måste alltid upprepas.

Vi gör det när någon kränker våra egna gränser.

111

Vi gör det när Sovjetunionen fortsätter sin ockupation av Afghanistan.

Vi gör det när vi protesterar mot det amerikanska stödet till Contras i Nicaragua.

Vi gör det när Sydafrika attackerar sina grannar och fortsätter sin olagliga ockupation av Namibia.

Vi gör det till stöd både för den enskilda människans rätt till ett liv i frihet och värdighet, och för den enskilda nationens rätt att forma sitt eget öde.

Vi har alla rätt att vara herrar i vårt eget hus. Den rätten skall ingen kunna ta ifrån oss.

Gemensam säkerhet 2022
Ett utdrag ur kommissionens rapport

1982 presenterade en internationell kommission under ledning av Olof Palme rapporten "Gemensam säkerhet". Fyrtio senare publicerade Olof Palmes internationella center en uppföljande rapport från en kommission med arton ledamöter från olika delar av världen. Här följer ett utdrag från rapporten Gemensam säkerhet 2022[46] med kommissionens rekommendationer.

1. Stärk den globala strukturen för fred

Det multilaterala systemet har utsatts för allt större påfrestningar under de senaste åren. Det finns ett brådskande behov av att stärka de strukturer som upprätthåller freden och som förebygger och hanterar konflikter. Multilateralismen måste också ta itu med den avgörande utmaning som klimatförändringarna innebär och att skapa en ändamålsenlig global struktur för beredskap och insatser vid pandemier.

1.1 Regionala organ som Afrikanska unionen, Gemenskapen för Latinamerikas och Västindiens stater (CELAC), Sydasiatiska sammanslutningen för regionalt samarbete (SAARC), Gulfstaternas samarbetsråd och Sydostasiatiska nationers förbund (ASEAN) bör uppmuntras att utveckla ramverk som omfattar principerna om gemensam säkerhet och att bygga strukturer som kan medla och skapa förtroende mellan fientliga parter. Motverka bildandet av nya militära allianser och omvärdera befintliga militära allianser, med samarbete baserat på gemensam säkerhet som alternativ.

1.2 Upprätta eller förnya en global och regional fredsstruktur med Organisationen för säkerhet och samarbete i Europa (OSSE) som förebild. Genomför en Helsingfors-II-process under 2025 – 50 år efter att det första Helsingforsavtalet lade grunden för OSSE och

---

46 https://www.palmecenter.se/ny-rapport-common-security-2022/

att mänskliga rättigheter och yttrandefrihet skulle vara grunden för fred.

1.3 Stödja ett omedelbart återupptagande av de strategiska stabilitetssamtalen mellan USA och Ryssland och återupptagandet av den strategiska dialogen mellan USA och Kina i syfte att slutgiltigt avskaffa alla massförstörelsevapen.

1.4 Integrera klimatrelaterade säkerhetsrisker i FN:s strategier för konfliktförebyggande. Ett gemensamt åtagande att tillhandahålla grön teknik, omfördelning av militära resurser för att hantera klimathotet och främjande av alternativa lösningar på miljöproblem. Säkerställ rättvisa för de länder som drabbats hårdast av klimatförändringarna – genom skadestånd, omlokalisering och stöd till klimattålig infrastruktur.

1.5 Upprätta regelbundna fredskonferenser inom FN på grundval av FN:s rapport Our Common Agenda, med FN:s ramkonvention om klimatförändringar (UNFCCC) som förebild. Håll fredskonferenser vart tredje år för att granska framstegen gällande vapenkontrollavtal, adressera bristen på fredsdialog och ge utrymme för mellanstatliga avtal. Involvera det civila samhället i diskussionerna som Internationella arbetsorganisationens (ILO) trepartssamarbete lyckats göra.

1.6 Utöka mandatet och resurserna för FN:s Fredsbyggande fond och Kommission för att användas i transnationella dialoger, folk-till-folk-kontakter och samarbete, samt demokratisk mobilisering. Behåll fondens starka fokus på kvinnor och fredsbyggande. Använd fonden för att öka antalet tvärvetenskapliga, mångkulturella och mångreligiösa fredsuniversitet, högskolor och kongresser säkerställ att de finns i regioner och länder med risk för konflikter. Dessa institutioner ger yngre generationer kunskap, färdigheter och verktyg för att skapa förutsättningar och institutioner för praktisk konfliktlösning och fred.

1.7 Förstärk den internationella agendan för kvinnor, fred och säkerhet genom att sätta ett mål om 50 procents deltagande av kvinnor på alla nivåer av internationella freds- och säkerhetsinsatser.

1.8 Reformera FN för att ge generalförsamlingen mer makt och auktoritet – särskilt i säkerhetsfrågor – för att undvika att enskilda medlemmar lamslår hela FN:s gemensamma säkerhetssystem.

2. Nya vinster med fred – nedrustning och utveckling

Det internationella samfundet måste hitta ett sätt att skapa ett starkt egenintresse av fred, med allmän och fullständig nedrustning som mål. Detta innebär också att hitta innovativa sätt att använda utrustning och expertis för fredliga ändamål och att stödja militär personals övergång till icke-militära yrken – idén om att "omvandla vapen till vindkraftsparker". Utöver enbart ekonomiska fördelar ska dessa nya fredsvinster bidra till att hantera orsakerna till konflikter och rädsla – såsom klimatförändringar, ojämlikhet, migration, bristande resurser och pandemier.

2.1 Stärka den internationella rätten och blåsa nytt liv i fördragen om nedrustning, vapenkontroll, icke-spridning och vapenhandel – särskilt vapenhandelsfördraget. Fastställa stränga internationella regler för export och användning av handeldvapen och lätta vapen, brott mot internationell humanitär rätt, våldsbrott och terrorism. Anta en politisk deklaration mot användningen av explosiva vapen i befolkade områden och stärka befintliga åtaganden, såsom "Safe Schools Declaration" som skyddar skolor och universitet från attacker.

2.2 Sammankalla en särskild FN-generalförsamling för nedrustning 2023/2024 för att fastställa ett globalt åtagande att minska de militära utgifterna med två procent per år. Sätt upp en global ambition att avskaffa kärnvapen för att frigöra mer än 72 miljarder US-dollar årligen.

2.3 Använda de minskade militära utgifterna för att skapa en "global fredsutdelning" (peace dividend) för att finansiera FN:s mål för hållbar utveckling, FN:s fredsbyggande och en rättvis övergång till klimatvänliga jobb. Inrätta en FN-institution för "rättvis omställning" och sikta på att skapa 575 miljoner nya jobb fram till 2030 – genom att omvandla jobb och teknik inom vapenindustrin till miljö- och hälsoinnovationer, vacciner och behandlingar. Minska utgifterna för militär personal genom att skapa alternativ för civila tjänster som ett alternativ till militärtjänst.

2.4 Investera i mänsklig säkerhet genom att skapa ett nytt socialt kontrakt som tar itu med ojämlikhet och bygger ett mer inkluderande, motståndskraftigt och fredligt samhälle. Utforma det nya sociala kontraktet genom att förverkliga ILO:s hundraårsdeklaration från 2019. Genomför ett toppmöte 2025 om sociala frågor. Inrätta en global fond för social trygghet. Skapa en universell grundnivå för arbetstagarnas rättigheter, upprätta ett multilateralt bindande fördrag som ålägger företag tillbörlig aktsamhet i fråga om mänskliga rättigheter i hela leveranskedjan och reglerar mer än en miljard informella arbetstillfällen och plattformsbaserade arbeten. Stärk kampen mot ojämlikhet genom att inrätta en global kommission och ett regleringsinstrument med fokus på gränsöverskridande skattenivåer och skattesystem, olagliga finansiella flöden samt nationella sociala trygghetssystem och beskattning.

3. Återupplivad kärnvapenkontroll och kärnvapennedrustning

Insikten att ett kärnvapenkrig inte kan vinnas och aldrig får utkämpas kräver ett fullständigt avskaffande av kärnvapen. De första stegen i processen för en omfattande kärnvapennedrustning måste tas omedelbart och med ärlig avsikt. Nödvändigheten av att förhindra de katastrofala humanitära konsekvenserna av ett kärnvapenkrig bör ena det internationella samfundet och understryker behovet av skyndsamma framsteg.

3.1 Återinföra avtal om vapenkontroll, särskilt när det gäller kärnvapen och deras bärare, till exempel avtalet om medeldistanskärnvapen (INF). Som ett första steg bör ett moratorium upprättas för införandet av de landbaserade INF-systemen i Europa. Parterna i icke-spridningsfördraget (NPT) måste snarast utarbeta och lägga fram konkreta, tidsbundna och transparenta planer för hur de avser att genomföra sin skyldighet att nedrusta kärnvapen. Se till att fördraget om fullständigt förbud mot kärnsprängningar (CTBT) träder i kraft. Förhandlingar bör inledas om ett fördrag som förbjuder all ytterligare produktion av klyvbart material för användning i kärnvapen. Återinför och utveckla förtroendeskapande åtgärder, till exempel Open Skiesfördraget[47].

3.2 Staterna uppmuntras att underteckna och ratificera fördraget om förbud mot kärnvapen (TPNW). Kärnvapenstater bör engagera sig i fördraget och skicka observatörer till möten med fördragets parter.

3.3 Snarast återuppta nedrustningen av kärnvapen i syfte att eliminera alla massförstörelsevapen. Prioritera de stater som har flest kärnstridsspetsar, men även inkludera alla kärnvapenstater från början. Upphör med utvecklingen av nya kärnvapen, liksom moderniseringen och uppgraderingen av kärnvapenarsenalerna. Kärnvapenstater, och stater som omfattas av utvidgade kärnvapenavskräckningsarrangemang, bör samarbeta med icke-kärnvapenstater i en seriös process och diskussion för att bryta med paradigmet om kärnvapenavskräckning och utveckla alternativa säkerhetsstrategier och policys.

3.4 Alla kärnvapenstater måste införa en strikt policy om att inte vara först att använda kärnvapen ("no first use").

3.5 Överväg på nytt idén om att upprätta kärnvapenfria zoner, särskilt i Mellanöstern/Västasien, Nordostasien och Europa.

3.6 The Joint Comprehensive Plan of Action (JCPOA), allmänt känd som kärnteknikavtalet med Iran, måste återinföras fullt ut och genomföras noggrant av alla signatärer.

---

[47] Open Skies är ett avtal som innebär att medlemsländerna får genomföra omfattande spaningsflygningar över varandras territorium.

117

3.7 De stater som har genomfört kärnvapenprov måste ge omedelbar hjälp till offer och sanering av miljön, särskilt till ursprungsbefolkningarna.

4. Ny militär teknik och vapen i yttre rymden

Den digitala revolutionen ger oss informations- och kommunikationsteknik som gör våra liv enklare, men den skapar också nya risker. Moderna militära vapensystem som utvecklas har en djupgående inverkan på mänskligheten och ger upphov till allvarliga rättsliga och etiska frågor. Ny vapenteknik måste regleras eller förbjudas.

4.1 Förbjud IT-angrepp mot nukleära lednings- och kontrollsystem, samt en separering av ledningssystem för konventionella vapen och kärnvapen.

4.2 Förbjud autonoma vapensystem för att säkerställa att människor behåller kontrollen över vapen och väpnade konflikter.

4.3 Förbjud automatiserade lednings- och kontrollsystem för kärnvapen.

4.4 Förbjud attacker mot rymdbaserade satelliter och kommunikationssystem för tidig varning.

4.5 Förstärk rymdfördraget och skapa en ny kultur av ansvarsfull rymdförvaltning för att förhindra ytterligare militarisering av området. Stärka den internationella rymdlagstiftningen för att skydda dess användning för fredliga ändamål till gagn för hela mänskligheten.

4.6 Begränsa hypersoniska missiler och skapa en tidsram för att förbjuda dessa vapen.